全解説
英語革命2020

Tetsuya Yasukochi
安河内哲也

文藝春秋

「聞いたことや読んだことを踏まえた上で
話したり書いたりする言語活動を適切に取り入れながら、
四つの領域の言語活動を有機的に関連付けつつ
総合的に指導するものとする。」

――高等学校学習指導要領「第8節　外国語」より抜粋

CONTENTS

第**2**章
REFORM

第3章 LEARN 「四技能試験」完璧学習法

第4章 PRACTICE

第5章 FORECAST

本書は2018年2月末までに公表された情報に基づき執筆されています。

構成：石井謙一郎　ブックデザイン：観野良太
写真：石川啓次　DTP：エヴリ・シンク

全解説
英語革命 2020

Tetsuya Yasukochi
安河内哲也

はじめに

START

戦後最大の大改革が始まる

日本人の多くは、英語を話すことが苦手です。あなたはどうですか？　誰もが学校で長い間勉強しているのに、なぜでしょうか。やり方がどこか違っているのではと疑問に思ったことはありませんか？

日頃の日本語の使い方を考えればわかるように、語学は「聞く」「読む」「話す」「書く」の四つの技能から成り立っています。ところが多くの英語の授業は「文法・構文」や「リーディング」が中心で、「リスニング」と「ライティング」が少しだけ。発音練習はあっても、自分の意思を伝える「スピーキング」は非常に少ないのがこれまでの状況でした。多くの人は、英語を使って意思を伝え合う練習をしたいのに、授業は知識伝達型になってしまう傾向があります。

その偏りが起こってしまう一つの大きな理由は、大学入試がリーディングや文法中心で、リスニングが少なく、スピーキングの問題がほとんどないことです。四技能が重要だとわかっていても、大学入試に全く出題されないから、授業でもやらないし、必要のない技能は省かれてしまうわけです。特に進学校と呼ばれる学校では、そうなりがちです。

私は東進ハイスクールの講師として、二十年以上にわたって中学生や高校生に英語を教えてきました。とはいっても、長い間やっていたことは受験対策です。いつも教えていた一技能や二技能の英語や文法の内容に疑問を持ち続けていました。そこで、数年前に授業のやり方を変え、インプット・アウトプットのバランスを考えた言語活動中心の授業を始めました。もちろん一部の生徒や関係者には、受験に役に立たないという理由で拒絶されましたが……。

これをきっかけに（財）実用英語推進機構を設立し、その代表理事として、現場の先生の研修や実用的な英語教育の普及活動にも取り組んでいます。それらの活動を通じ、英語教育に真剣に取り組む何百人もの現場の先生とお会いして話をしました。また、多くの学校で教室に入り、授業のお手伝いをさせていただきました。そして、本気で英語教育に取り組む先生のために今やらなければならないことを実感しました。それは「日本の英語教育を変えるために、今優先的に変えなければいけないのは大学入試だ」ということです。

日本中にたくさんある塾や予備校に通って、少しでも学力レベルの高い高校を目指す理由は何でしょうか。もちろん「その学校の校風や教育方針に感銘を受けたから」という人もいるでしょう。しかし多くは「いい高校に行けば、いい大学に入れる可能性が高いから」というのが、下心として持っている本音のはずです。

進学校といわれる、主要な中学校や高校の教育が、大学入試をゴールに見立てて行なわれていることは、認めざるを得ない現実です。どうしても、大学入試を意識した教え方がなされてしまう。もちろん、長期的には大学入試のプレッシャーを小さくしていく努力を続ける必要があると思います。しかし短期的には、まず現状で巨大な影響力をもつ大学入試を改善することが急務ではないでしょうか。

国もようやく、大学入試の改革に乗り出します。英語のコミュニケーション能力が上がらないことは、教育現場で大きな問題となっていました。そこで国は、大学入試や高校入試の方法を根本から変えることを決めたのです。

二〇二〇年度、大学入試制度の改革が行なわれます。とりわけ英語は大改革です。これまでの「リーディング」と「リスニング」の二技能から、「ライティング」と「スピーキング」を加えた四技能均等のテストの導入が始まるからです。二〇二〇年から四年の移行期間を経て、センター試験に代わって民間の四技能試験が使われる大きな理由は、四技能を測るテストによって、指導と評価を一体化し、現場で本来の四技能教育を促進するためです。

私は、文部科学省の諮問機関である「英語教育の在り方に関する有識者会議」や、その中の「英語力の評価及び入試における外部試験活用に関する小委員会」の委員を務めました。英語教育や大学入試について、大いに持論を唱えました。決定事項の中には、私の意見が取り入れられた部分もあります。

この本を手に取る多くの方は、新制度の大学入試に臨む高校生やその保護者でしょう。「英語の四技能テストって、どんなふうにやるんだろう。どんな勉強をすれば合格できるの?」と心配する高校生や、「なぜそんな制度変更が必要なのか。ウチの子にどんな英語教育を選択すれば、大学受験が有利になるのか」と不安に思う保護者のみなさんの声が、すでにたくさん届いています。私は今回の改革に携わった一人として、この本の中でその点を説明したいと思っています。

読者の中には、新しい入試のシステムを知りたいと願う、英語教育関係の方も多いでしょう。高校や中学校の先生、塾や予備校など民間の英語教育に携わっていたり、入試にかかわっていたりする大学の先生方です。中でも、四技能をどう教えればいいのか不安を感じている高校の先生方には、私が東京の私立麴町学園女子中学・高校で顧問として主導し、行なっている英語教育の実践が参考になるはずです。それも、この本の中で詳しく紹介させていただきます。

評価が二技能から四技能に変わると、各技能が支え合い、助け合うので、言語学習の効率は上がると思います。すでに四技能試験を取り入れている私立大学の受験データ等にも、それが表れ始めています。

現在の偏った大学入試に対する偏った対策は、大学に合格してもすぐに役立つわけではありません。それに対して四技能の英語を学ぶことは、大学入学後の留学や卒業後のキャリアに直結して役立ちます。なによりも、将来役に立つ英語を学ぶことは生徒たちのモチベーションを高めます。

大学受験に関係ない大半の日本人にすれば、今回の入試改革の意味がピンとこないのは当然です。しかし、同じ二〇二〇年度の導入が決まっている小学校三年生からの英語の授

check!

日本の英語教育を変えるために、今変えなければならないのは大学入試だ！

2020年度（2021年）から大改革

今までのセンター試験		民間4技能試験の導入
● リーディング（読む）	➡	● リーディング（読む）
● リスニング（聞く）		● リスニング（聞く）
		● ライティング（書く）
		● スピーキング（話す）

日本の英語教育を根本からひっくり返す大改革である！

業を含め、二〇二〇年からの数年間で起こることは、戦後最大とも言える英語教育改革です。受験英語と呼ばれる特殊な英語を二十年以上も教え、疑問を感じてきた立場から見ると、日本の英語教育をひっくり返す大きな出来事なのです。

ただし、この四技能への改革が進んでも、世界の言語教育もどんどん進んでいきます。四技能から、四技能統合へ、そしてＣＬＩＬ（内容言語統合型学習）へと、さらなるグローバル化やＡＩの発達に対応しなければなりません。二〇二〇年代になって、一応の四技能指導が確立し「四技能なんて、もう古い」という声が聞こえてくるようになれば、改革の第一段階はひとまず成功と言えるのかもしれません。

英語教育は範囲が広い世界で、小学生から社会人まで、とても一冊の本で語りきれるものではありません。本書では、英語教育の中でも、私がもっとも深く関わってきた大学入試とその波及効果について、そしてそれにどう対応するかについて述べていきたいと思います。

読者の皆さんがもう一度、中高生に戻ったらどんな英語教育を受けたいか、自分の子どもにどんな英語教育を受けさせたいか、という視点で本書を読んでいただければ幸いです。

第1章

CHANGE

いったいどう変わる？ 二〇二〇年度からの英語入試

1-1 二〇二〇年度、新テストが始まる！

二〇二〇年度から、現在の大学入試センター試験に代わって、「大学入学共通テスト」という名称の新テストが導入されます。実施されるのは、二〇二一年一月です。新しい制度ではどこが変わるのか、説明しましょう。

大きく変わる点は、二つあります。第一が、国語と数学に記述式問題が導入されること。現在のセンター試験は、すべての科目がマークシートの択一式問題だけです。新テストの国語は、八十字から百二十字程度の記述を含め、記述式問題が三問程度出される予定です。数学は、数式・問題解決の方略などを問う問題が三問程度の予定です。

記述式問題は、二〇二四年度からは社会の地歴・公民分野や理科でも導入が検討されています。

1-2　一番大きく変わる英語

　四年間の移行期間を経て、大きく変わるのは、英語です。ほかの科目は、センター試験から大学入学共通テストに変わっても、問題を作るのは現在と同じ大学入試センターで、採点のみテスト業者や予備校などの民間事業者に委託される予定です。しかし英語に関しては、ほかの科目とは比べものにならないほどの大変更です。そのために四年間という移行期間が設けられました。

　変更されるポイントを整理すると、以下の通りになります。

・現在の二技能だけの試験から、四技能すべてを均等に評価する試験に変わる。
・移行期間の四年間に使用される二技能試験も、四技能試験との親和性を高めるために大きく変更される。
・最終的には、大学入試センターが自ら行なってきたセンター試験に代わって、英検などの民間検定試験が全面導入される。使われる試験は、たくさんある民間検定試験の中から大学入試センターが審査し認定する。

・各大学は、大学入試センターが認定した民間検定試験の中からどれを採用するか、独自に決める。試験結果の使い方も、出願資格、試験免除、得点加算、総合判定の一要素にするなど、各大学や学部が独自に決める。

・受験生は、志望する大学が採用する民間検定試験を、高校三年の四月から十二月までの間に二回受けることができる。成績のよかったほうが、大学に提出される。

・難易度の異なる民間検定試験の結果は、国際基準のCEFR（セファール）を介して使用される。受験費用や受験機会の地域格差などにも、不公平が生じないように配慮される。

――ではそれぞれのポイントについて、細かく見ていきましょう。

1-3
二技能から四技能の試験に変わる

現在行なわれているセンター試験の英語は、リーディングとリスニングの二技能試験です。といっても均等ではなく、リーディングが二百点（試験時間は八十分）、リスニングが五十点（同じく三十分）の配点です。本来は四技能が均等であってほしいのですが、一・

三技能とでも呼ぶしかない状況なのです。私立大学の入試も、ほとんどが二技能止まりです。国立大の個別試験を含め、全体の設問数ではリスニング問題は五％以下です。もちろんスピーキングはほぼゼロです。

四技能試験は、課題や改善の余地はまだまだあるものの、現状では最善のテスト形式だと思います。すでに世界中のテスト機関や大学が広く採用していて、日本だけが取り残されている感があります。

日本にも、まだまだ小規模ではありますが、四技能をすでに入試の一部に導入している大学はあります。国立だと大阪大学、名古屋大学、九州大学など。私立では早稲田大学、上智大学、立教大学など、有名大学が名を連ねます。大学によっては、非常に優秀な学生の獲得に成功しているようです。

ひとつ事例を挙げると、早稲田の文化構想学部と文学部が二〇一六年度から四技能入試を採り入れました。従来通りの英語の試験と、前もって受験しておいた民間の四技能試験の得点のどちらかで、出願を選べるようにしたのです。文化構想学部の場合、従来の英語試験のみを選択した受験生の競争率が十一・一倍だったのに対し、四技能テスト利用型と併願している受験生は一・八倍でした。学部の定員五百七十人のうち、四技能型の募集人数は七十人。五百二十八人が受験したのですが、通常の入試と合わせると、実に二百九十三人が合格しています。この合格人数は、四技能を学習している学生には、成績優秀な人が多かったことを意味しています。文学部でも、四技能型の募集は五十人でしたが、合格者は百八十二人。倍率は従来型の英語試験の七・六倍に対し、四技能型は一・九倍でした。四技能の勉強に取り組んできた受験生のほうが、従来型受験対策をした人より、入試で有利に戦ったことを示す数字です。

1-4 センター試験に代わって、外部の民間四技能検定試験が使われる

センター試験でスピーキングとライティングが行なわれてこなかったのは、実施と採点にかかる手間が大きな理由です。当初は、大学入試センターが新しい四技能テストを独自に開発する話もありました。しかしこれまで二技能のテストしか作ってこなかったため、当然スピーキングとライティングのテストを作るノウハウがありません。二〇二〇年度ま

check!

改革のポイント

- 2技能から4技能へ
  4技能試験は現在最善のテスト方式。
  世界で多く用いられている。

- 2020年度から移行期間の４年が経過すると、
  民間の4技能試験が全面導入される。

- 民間試験の結果をどう使うかは、
  それぞれの大学が決める。

- 高３の４月から１２月の間に２回受け、
  成績のよい方が志望大学に提出される。

- 違う民間試験を受けても、
  国際基準（CEFR）に照らして反映される。

でに作るのは、現実的に難しい。大人数のスピーキングやライティングの答案を、正確かつ迅速に採点する運営上のノウハウもありません。

受験生はセンター試験の結果を受けて二次試験の出願をするのですから、時間的な余裕もありません。二技能から四技能に拡大すれば、地域的分散、時間的分散、組織的分散をしないと、五十万人分のテストはとてもこなせないことは明らかです。

そこで、すでに広く行なわれている民間の四技能試験を活用する、という結論になりました。試験場所や組織を分散すれば、五十万人の受験生に対応する仕組みを構築することができます。試験時期も、センター試験が行なわれる一月中旬に集中させずにすみます。

五十万人分の採点に関して言うと、それぞれの民間検定試験団体が、現在インターネットを使って海外にもネットワークを構築中です。その点においては、国語の記述式問題が日本国内でしか採点できないのと比べれば、英語には強みがあります。

1-5 変化はもう始まっている

前述した通り、外部の民間検定試験を入試に導入する動きは、すでに始まっています。二〇一五年度、推薦やＡＯ入試を含めて民間検定試験を活用した大学の数は、次の通りでした（文科省大学入試室調べ）。

・国立――二十三校（全体の二八・〇％）。

・公立――十九校（全体の二二・六％）。

・私立――二百二十九校（全体の三九・五％）。

合計すると全体の三六・三％の大学が、すでに民間検定試験を導入しています。

そのひとつであるＧＴＥＣ　ＣＢＴ（ベネッセコーポレーションが実施）を活用している大学の数を見ても、

・二〇一五年度――二十校

・二〇一六年度――四十九校

・二〇一七年度――百三十九校

・二〇一八年度――二百四十三校

と、急速に増えていることがわかります。

大学入試センターが、たくさんある民間検定試験の中から大学入試に使うことを認定する主な基準は、次の通りです。

・学習指導要領に準拠していること。学習指導要領では四領域をバランスよく教えることや融合して指導することが求められています。
・四技能を偏りなく均等に測れること。これまでの運用実績が重視されます。
・外国語の力を評価する世界基準であるＣＥＦＲ（セファール）に準拠していることが求められます。

ＣＥＦＲについては、さらに説明しましょう。

ａ―外国語評価の世界基準――ＣＥＦＲとは

民間の四技能検定試験は、たくさんの種類が行なわれています。難易度もそれぞれ違うので、選ぶ試験によって受験生に有利不利が生まれることは極力避けなければいけません。そこで、世界中のテスト機関や大学が使っている外国語の評価基準ＣＥＦＲ（Common European Framework of Reference for Languages: Learning, teaching, assessment）に準拠していることが要件になります。

ＣＥＦＲは日本語で「外国語の学習・教授・評価のためのヨーロッパ言語共通参照枠」と訳されます。二十年以上の研究によって二〇〇一年から公式に使われるようになり、現在は三十八の言語に対応しています。語学のシラバスやカリキュラムの手引き作成、学習指導教材の編集などに活用されている、国際基準です。

評価は、一番低いＡ１から、Ａ２、Ｂ１、Ｂ２、Ｃ１、Ｃ２の六段階で示されます。Ａは「基礎段階の言語使用者」。Ｂは「自立した言語使用者」。Ｃは「熟練した言語使用者」という分け方です。Ａ１は、「よく使われる日常的表現と基本的な言い回しは理解し、用

CEFR（外国語の学習・教授・評価のためのヨーロッパ共通参照枠）

熟練した言語使用者	C2	聞いたり読んだりした、ほぼ全てのものを容易に理解することができる。いろいろな話し言葉や書き言葉から得た情報をまとめ、根拠も論点も一貫した方法で再構築できる。自然に、流暢かつ正確に自己表現ができる。
	C1	いろいろな種類の高度な内容のかなり長い文章を理解して、含意を把握できる。言葉を探しているという印象を与えずに、流暢に、また自然に自己表現ができる。社会生活を営むため、また学問上や職業上の目的で、言葉を柔軟かつ効果的に用いることができる。複雑な話題について明確で、しっかりとした構成の、詳細な文章を作ることができる。
自立した言語使用者	B2	自分の専門分野の技術的な議論も含めて、抽象的な話題でも具体的な話題でも、複雑な文章の主要な内容を理解できる。母語話者とはお互いに緊張しないで普通にやり取りができるくらい流暢かつ自然である。幅広い話題について、明確で詳細な文章を作ることができる。
	B1	仕事、学校、娯楽などで普段出会うような身近な話題について、標準的な話し方であれば、主要な点を理解できる。その言葉が話されている地域にいるときに起こりそうな、たいていの事態に対処することができる。身近な話題や個人的に関心のある話題について、筋の通った簡単な文章を作ることができる。
基礎段階の言語使用者	A2	ごく基本的な個人情報や家族情報、買い物、地元の地理、仕事など、直接的関係がある領域に関しては、文やよく使われる表現が理解できる。簡単で日常的な範囲なら、身近で日常の事柄について、単純で直接的な情報交換に応じることができる。
	A1	具体的な欲求を満足させるための、よく使われる日常的表現と基本的な言い回しは理解し、用いることができる。自分や他人を紹介することができ、住んでいるところや、誰と知り合いであるか、持ち物などの個人的情報について、質問をしたり、答えたりすることができる。もし、相手がゆっくり、はっきりと話して、助けが得られるならば、簡単なやり取りをすることができる。

（出典）ブリティッシュ・カウンシル、ケンブリッジ大学英語検定機構

いることができる」というレベル。一番上のＣ２は、「聞いたり読んだりした、ほぼ全てのものを容易に理解することができる」。海外では、「私は英語はＣ１で、フランス語はＢ２です」といった使われ方をしています。

日本の高校生の英語力は、多くがＡ１～Ｂ１レベルです。その真ん中のＡ２レベルは「簡単で日常的な範囲なら、身近で日常の事柄について、単純で直接的な情報交換に応じることができる」という位置付けです。それぞれの民間試験について、どのくらいの点数がＣＥＦＲのどのクラスに位置づけられるかが公表されています。英検だと、１級がＣ１レベル。Ａ２は準２級に相当します。

b 測定可能範囲と対象使用言語領域（ＴＬＵ）

どの試験にも、ＣＥＦＲに置き換えた測定可能範囲があります。たとえばＴＯＥＦＬ iＢＴは、Ｂ１～Ｃ１を精度の高い測定可能範囲としていて、この範囲から外れると、測定能力が下がり信頼性が確保されません。国際通用性が高く、アメリカへの留学には非常に役立つＴＯＥＦＬ iＢＴですが、一般の日本の高校生には少々難しすぎることがわかります。

受験生の実力を正確に反映するため、また学習のモチベーションを高めるためにも、その受験生にとって妥当なレベルのテストを受ける機会が確保されるべきです。受けられる種類が限られ、測定可能範囲が限定されてしまうことは避けなければなりません。

現在のセンター試験は概ねA2～B1レベルのテストですが、「簡単すぎるから役に立たない」という受験生もいれば、「難しくてギブアップ」という受験生もいるはずです。さまざまな学力の受験生が同じテストを受けるのですから、当然です。その点、多くの民間検定試験を受けられれば、レベル的な分散を図ることができます。それぞれの受験生が、各自に合ったCEFRのレベルで実力を発揮できれば、学習のモチベーションを高めることにも繋がると思います。

IBT（Internet Based Testing＝インターネットを介して自宅や職場などで受ける試験）／CBT（Computer Based Testing＝試験会場のコンピューターで受験する方法）の技術は進化をつづけており、今後「アダプティブ」という方式によって、測定可能範囲が広いテストが生まれる可能性も高くなっています。これは、最初は平均的な難易度の設問でスタートし、間違ったら問題が簡単になり、正解したら問題が難しくなっていくという方式です。視力を機械で自動的に測定するのと同じようなやり方です。今後このような技術革新にも期待したいと思います。

各民間検定試験は、それぞれ「対象使用言語領域（ＴＬＵ＝Target Language Use）」も定めています。これは、どのような場面で使われる英語を想定した試験なのか、を指します。実際に四技能試験を作成する際は、ＴＬＵを設定してから使用するアイテムの作成に入るのが普通です。

ＴＬＵは、大きく三つに分けられます。まずジェネラル、つまり一般向けです。海外旅行や現地での買い物など、普通の人が日常的に経験する英語がジェネラルです。一部、学校で使う会話も含まれます。

次がアカデミック。大学のキャンパスや高校、学術機関などで使う場面に限定した英語です。買い物や旅行に関する英語は出てきません。

最後はビジネスです。普通の社会人が、海外との会議や商談で遭遇するであろう英語が出題されます。

ＴＬＵは難易度とは違う観点ですが、文科省の「英語教育の在り方に関する有識者会議」の議論ではあまり強調されていませんでした。そこで私は、その後の審議会において、「TLUがどの領域にあるかということは、非常に重要。高校生は、TLUがビジネスに置かれている英語に対しては予備知識を十分に持っていない。たとえば『board of directors（取締役会）』といった、ビジネスマンなら誰でも知っている単語でも、高校生は知らない。したがって高校の指導要領との準拠性を考えると、原則としてTLUがジェネラル及びアカデミックである民間検定試験を使うべき」と意見を述べました。大学側も使用する試験を決める際には、このTLUが大学に入ってからの学習とマッチしているかを重視するでしょう。

● 認定される民間検定試験の種類

日本で行なわれている、主な民間検定試験を紹介しましょう。

・**英検**（実用英語技能検定）　実施団体は日本英語検定協会。年間に二百三十万人が受験する、日本製英語検定試験の老舗です。世界の約五十カ国でも実施されています。以前は級ごとに合格不合格の判定を下すだけでしたが、二〇一七年に大幅なリニューアルを行ないました。１級～３級で四つの技能ごとにスコアを出すＣＳＥ判定を取り入れ、ＣＥＦＲとの対応が可能になったのです。ＴＬＵでは、ジェネラルの代表が英検です。

二〇二〇年度からの新しい大学入試制度では英検が中心的役割を果たし、多くの受験生が２級を受けると思われます。年間の実施回数は三回。受験料は、準２級が五千二百円。２級は五千八百円です。

・**GTEC CBT**　ベネッセコーポレーションが、日本の大学受験用に開発したテストです。英語を使う大学でのコミュニケーション力を測ることに、目的を置いています。ＴＬＵはアカデミック。受験料は九千七百二十円です。

・**TOEFL iBT**　アメリカのＮＰＯ「Educational Testing Service（ＥＴＳ）」が百三十カ国以上で実施しています。二〇〇五年から始まった、四技能試験の世界的先駆け。国際通用性の高いテストです。

高等教育機関で学業を修めるのに必要な英語力を測るため、難易度は高め。年間の実施回数が五十回以上と多いのが特徴です。ＴＬＵはアカデミックで、受験料は二百三十アメリカドル。

・**IELTS**　ブリティッシュ・カウンシル、ケンブリッジ大学英語検定機構、日本英語

主な英語の民間検定試験

試験名	実施団体	受験人数	年間実施回数	受験料
実用英語技能検定	日本英語検定協会	約235.5万人（H25実績）	3回	2級 :5,800円 準2級 :5,200円
GTEC CBT	ベネッセコーポレーション Berlitz Corporation ELS Educational Sarvices ※一般財団法人進学基準研究機構（CEES）と共催	非公表	3回（H27）	9,720円
IELTS	ブリティッシュ・カウンシル、ケンブリッジ大学英語検定機構 日本英語検定協会　等	約3万人（H26実績） ※全世界では300万人以上	35回	25,380円
TEAP	日本英語検定協会	約1万人（H26実績）	3回	15,000円
TOEFL iBT	テスト作成 :ETS 日本事務局 :CIEE	非公表	50回以上	230USドル
TOEIC S&W	テスト作成 :ETS 日本事務局 :IIBC	約1.5万人（H25実績） ※TOEICプログラム全世界700万人	24回	10,260円
Cambridge English（ケンブリッジ英検）	ケンブリッジ大学英語検定機構	国内人数非公開 ※全世界では約250万人	2−3回	PET（B1）11,880円〜 KET（A2）9,720円〜

検定協会などが共同で実施。就学・就業に必要な英語力を評価します。日本での受験者数はまだ年間三万人ですが、世界では大学で最も多く使われているテストで二百四十万人が受験。百四十カ国以上で通用する資格です。一年に三十五回実施。ＴＬＵではジェネラル・トレーニング・モジュールとアカデミック・モジュールがあり、大学入試には後者が認定されるはずです。受験料が二万五千三百八十円と高いのがネック。

・**TEAP** 日本英語検定協会が、大学受験向けに開発したテストです。英語を母語としない大学における授業などでの言語活動を想定しています。英検と違い、ＴＬＵはアカデミック。受験料は一万五千円です。

・**ケンブリッジ英検** 実施団体はケンブリッジ大学英語検定機構。ＴＬＵはジェネラルで、英語圏での日常生活に必要な英語力を評価します。世界百三十カ国以上で行なわれ、受験料は一万円前後から。

・**TOEIC S&W** ＴＯＥＦＬと同じく、アメリカのＮＰＯ「ＥＴＳ」が実施。名称が変わり、ＴＯＥＩＣリスニング＆リーディングテスト及びＴＯＥＩＣスピーキングテスト、ＴＯＥＩＣスピーキング＆ライティングテストに分かれました。四技能の測定は不均等です。ＴＬＵはビジネスです。世界百五十カ国以上で実施されています。受験料

各試験団体のデータによるCEFRとの対照表

CEFR	英検	GTEC CBT	TOEFL iBT	IELTS	TEAP	ケンブリッジ英検	TOEIC & TOEIC S&W
C2				8.5-9.0		Proficiency（CPE：特上級）	
C1	1級	1400	110-120	7.0-8.0	**396**	Advanced（CAE：上級）	1305-1390
B2	準1級	1250-1399	87-109	5.5-6.5	**334**	First（FCE：上中級）	1095-1300
B1	2級	1000-1249	57-86	4.0-5.0	**226**	Preliminary（PET：中級）	790-1090
A2	準2級	700-999		3.0	**186**	Key（KET：上初級）	385-785
A1	3−5級	-699		2.0			200-380

※各試験団体の公表資料より文部科学省において作成

は合わせて、一万二百六十円です。

四技能試験の導入は、日本の教育の国際通用性を高めることも念頭に置いています。そう考えたとき、英検はドメスティックです。オーストラリアやアメリカのコミュニティカレッジや大学の一部で認定しているところがあるにしろ、数は多くありません。一方で、ＩＥＬＴＳは世界中どこでも通用しますし、ＴＯＥＦＬ・ｉＢＴは全米の大学で通用します。

また、受験生の多くがＡ１とＡ２

を占め、上位層でＢ１とＢ２を含むことになりますから、各試験のレベルも考慮に入れる必要があります。そういった要素を吟味して、二〇一八年三月末に、どの試験を使うか大学入試センターが認定します。またそれぞれの大学は使用する試験を決定します。

d―評価は六段階になる？

民間検定試験の得点は、英検を含めて一点刻みで出ます。しかし二〇二〇年度からの大学入試では、「一点刻みの評価ではなく、ＣＥＦＲによる六段階の成績表示を用いる」とセンターは発表しています。

段階評価は良いかと思いますが、ＣＥＦＲは大きな目盛りの世界基準です。六段階のゾーンは、ネイティブスピーカーに近い高いレベルから小学生くらいの初学者までを均等に分けるようになっています。日本の大学受験生にとっては、目盛りが大きすぎるのです。

文科省が全国の高校三年生の英語力を調査してＣＥＦＲに換算したところ、Ａ１レベルと判定された人数が最も多くなりました（二〇一五年度『英語教育改善のための英語力調査事業報告』）。四技能に分けると、次の比率がＡ１レベルとなっています。

高校3年生の英語力調査（2015年度）

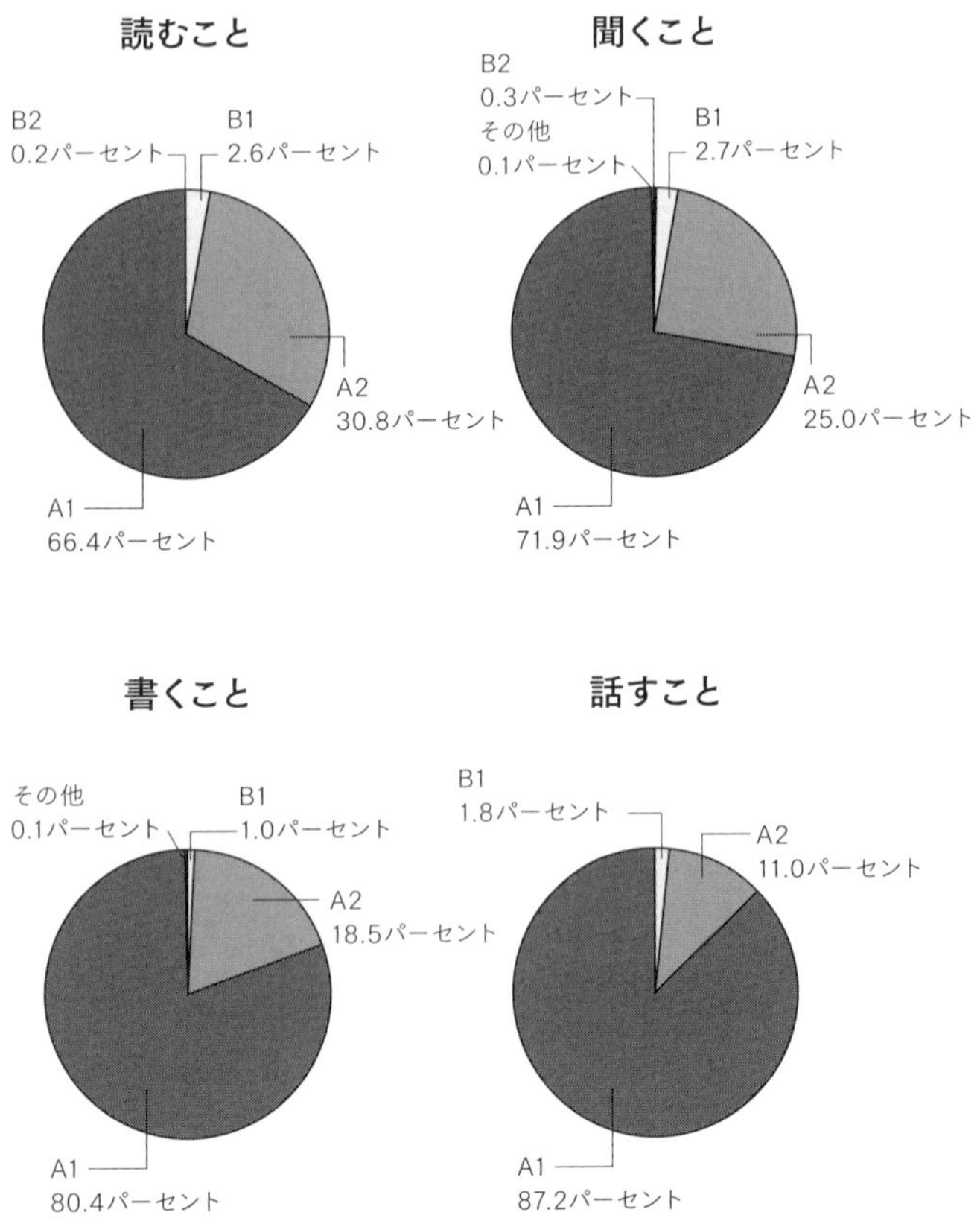

出典：文部科学省　平成27年度『英語教育改善のための英語力調査事業報告』

・読む――六六・四％。
・聞く――七一・九％。
・書く――八〇・四％。
・話す――八七・二％。

大学入試の時期になれば全体がレベルアップすることを考えても、Ａ１からＢ１ゾーンが大半でしょう。ＣＥＦＲの六段階評価のままでは、多くの受験生がＡ１からＢ１の三つのゾーンに含まれ、差がつかないことが予想されます。現実にはＣ２やＣ１のゾーンはあまり必要がありません。Ａ１やＡ２の中でもどのくらいの位置にいるのか細かく分割し、また、トップ難関大受験者が集中するであろうＢ１やＢ２のレベルも分割しなければいけないはずです。

つまり、Ｂ２からＡ１までをもっと細かい目盛りに分け直す工夫が必要でしょう。私は、「ＣＥＦＲ‐Ｊ」という基準を活用するのがわかりやすいと思います。これは、ＣＥＦＲを日本のような教育環境に適応させるように、東京外国語大学が中心になって開発された評価方法です。

日本の受験生の多くが入る、Ａ１、Ａ２、Ｂ１レベルを見ると、Ａ１を三つに、Ａ２と

Ｂ１をそれぞれ二つに分割した七段階になっています。ただし実際に使うためには、それぞれの民間試験機関のテストの何点だったらＣＥＦＲ‐Ｊのレベルのどこに相当するのか、公的なバリディティ（妥当性）の検証が必要になります。

また、文科省が使っている「各試験団体のデータによるＣＥＦＲとの対照表」（36ページ参照）がありますが、試験団体ごとに尺度が違うために見にくいのが難点です。ボーダーを点数で示している試験がある一方、英検だと準１級がＢ２のど真ん中に見えます、しかし実際には、準１級はＢ１とＢ２のボーダーだと思われます。実力を反映させるように、英検はＣＳＥスコアに置き換えるなど、受験生や大学関係者にとって見やすく改善すべきです。また、精度に関しても厳しい検証が必要です。

e 超難関大学にはＢ２レベルも

ＣＥＦＲの目安は、最難関大学をＢ２レベルだと考えればいいでしょう。前述した通り民間検定試験を導入している早稲田大学の文化構想学部と文学部は、二〇一八年入試における四技能テスト利用型の基準スコアを、次のように発表しています。

〈英検―二〇一六年二月〜二〇一六年三月受験者は１級・準１級合格。二〇一六年四月以降受験者はCSEで二千二百点（１級、準１級、２級に限る）。TEAP―二百八十点。IELTS―六点。TOEFL iBT―六十点〉

四技能それぞれの基準点も設けています。B１の中間値を基準スコアに用いたことは、大きな特徴です。

民間検定試験同士の得点の比較も、右の点数を基準に考えるとわかりやすいはずです。上智大学も学部にはよりますが、似たようなレベルで線を引いていますから、大学入試で求められる英語力は、頂点でもB２の下限あたりということです。そこからA２レベルぐらいまでを入試で求められる英語力のレベルとしていくのが、妥当なラインだと思います。

CEFRのB２レベルは英検の準１級だと聞けば、とても難しいと思われがちです。もちろん簡単ではありませんが、現行の入試に比べると試験のバランスはとれています。各国立大学が独自に行なっている現行の二次試験のアイテムは、C１レベルのものが多く含まれています。それに比べて英検準１級は、リーディングの出題を見るとわかりますが、語彙問題は多少難しいものの、アカデミックな場面では使われない妙な単語や特定の予備知識がなければ読めないようなものは出てきません。使われるアイテム自体、難関大の入試よりはるかに易しい題材が使われています。

出題の仕方も、現行の入試が引っかけ問題や日本語の論述が多いのに比べてずっと素直で、因果関係が成立した文や文章の中でボキャブラリーや要旨を問うシンプルな方式です。きちんと読めれば解ける、素直な読解問題になっています。

よく読解アイテムが簡単になると読解力が下がるという意見を耳にします。でも、私はそれは少し違っていると思います。正しくは、学習者のレベルに適した素材を使わなければ、読解力は伸びないということだと思います。A1やA2のレベルの生徒に背伸びしたC1のアイテムや古びた複雑な構造の文章を使うと、暗号解析のような勉強になってしまい、左から右へすらすらと英語を読む力は身につきません。

学力トップの受験生には、B2の英検準1級レベルのアイテム。中位層には英検2級レベルのアイテム。英語が苦手な人たちには、A2レベルのアイテムを到達レベルとして目指してもらう。そこから逆算して読解を勉強すれば、妥当なレベルに落ち着きます。

1-6 四技能のテストはこんなふうに行なわれる

現在のセンター試験と民間検定試験の違いを四技能別にまとめると、以下のようになります。

・読む力――センター、四技能とも大きな違いはなく、日本語を介在させた出題はない。
・聞く力――センター、四技能とも大きな違いはなく、日本語を介在させた出題はない。
・話す力――センターは間接測定。発音問題や会話のスクリプトの問題で試す。
　四技能は直接測定。英語で応答、描写、主張する能力をそのまま試す。
・書く力――センターは間接測定。文法問題、整序問題、不要文選択問題で試す。
　四技能は直接測定。長いエッセイやレポートを書かせて試す。

間接測定というのは、発音や文法をマークシートの択一式でテストすることです。整序問題とは、単語や文節の並べ替えを指します。このように、完璧な公平性を求めるあまり、マークシートでスピーキングやライティングの力を測定しようとしてきたことが、作問者の意図に反して、受験英語と呼ばれる特殊な英語を生んだのだと思います。例えば、ありがちな受験対策本や講座のタイトルを挙げると、「整序問題が解ける7つのツボ」「過去問分析！　超頻出文法問題選」「ルールで解く発音文法問題」のようなものですが、本来のスピーキング・ライティングとはかけ離れた別のものになっています。マークシートの問題を解くことを目的に、スピーキングやライティングを勉強する生徒はまずいません。

では、直接測定のスピーキングとライティングのテストは、どのように行なわれるのでしょうか。

スピーキングの試験には、面接形式とインターネットで配信されるＩＢＴ／ＣＢＴの二種類があります。英検やＩＥＬＴＳ、ＴＥＡＰは面接形式です。試験者がこちらの発話を促し、会話がタブレットかＩＣプレイヤーに記録されていきます。

ＩＢＴ／ＣＢＴでは、パソコンが発する質問、例えば「あなたの好きな季節はいつで、その理由は何か。六十秒で発話しなさい」といった質問に対する答えが記録されます。公平性では、ＩＢＴが上でしょう。試験会場や受験機会の物理的な制約にとらわれないのも、ＩＢＴの利点です。いつでもどこでも、パソコンがあって監督さえいればテストを実施できるし、採点者がアメリカにいてもフィリピンにいても、データを送って採点してもらえ

check!

スピーキングとライティングのテストには、二種類のやり方がある

面接 英検・IELTS・TEAP

スピーキングは会場に赴き面接を行なう。
対人なので話しやすい反面、試験会場への移動、
受験機会の限定などの制約も。
ライティングは筆記試験。

インターネット IBT／CBT方式

TOEFL iBT・TEAP CBT・英検CBT
GTEC CBT・ TOEIC S&W

スピーキングはパソコンに向かって話す。
ライティングはキーボードへのタイピング。

るからです。現状では、ＴＯＥＦＬ ｉＢＴ、ＴＥＡＰ ＣＢＴ、英検ＣＢＴ、ＧＴＥＣ ＣＢＴ、ＴＯＥＩＣ Ｓ＆Ｗが、ＩＢＴ／ＣＢＴ方式によるテストです。

パソコン相手だと緊張してしまう。人間と向き合ったほうが喋りやすいという人は、面接形式の試験を選択すればいいでしょう。

ＩＢＴ／ＣＢＴのライティングは、キーボードへのタイピングです。現行の英語の学習指導要領にタッチタイピングの習得は含まれないので、範囲外だという解釈もあります。しかし社会に出ればキーボードで文字を打つわけですから、高校時代からマスターしておくのは重要だという解釈もあります。ＩＢＴ／ＣＢＴ以外のライティングは紙と鉛筆を使う手書きですから、受験は容易です。

ＩＢＴ／ＣＢＴによる技術の発達によって、世界各地で大人数をテストできるようになりました。紙と面接の試験とＩＢＴ／ＣＢＴの試験を合わせて、世界では英語の試験は四技能であることが当然となっています。ＴＯＥＦＬ ｉＢＴは受験人数を公表していませんが、ＩＥＬＴＳは世界で毎年三百万人以上が受験し、これらの試験は世界のトップ大学のほぼすべてが外国人留学生の就学のための英語力評価として採用しています。

1-7 高三の四月から十二月の間に二回の受験チャンス

各大学や学部は、大学入試センターが認定した民間検定試験の中から、どの試験を入試に採用するか独自に決めます。その決定はまだ先ですが、多くの大学が、センターの認定した試験をそのまま採用すると思われます。

センターは五～六種類程度を認定するはずですが、その理由のひとつに地理的分散と組織的な分散があります。ＩＥＬＴＳなどは日本中に試験会場を設けているわけではないので、各地で試験を行なっている英検やＧＴＥＣ　ＣＢＴを含めることによって、受験機会を分散できます。都市部に住む受験生が有利になりすぎないように、という配慮です。

現状で予測できるシステムの流れを説明します。受験生は、志望する大学が採用した試験の中から希望するものを、四月一日から十二月三十一日までの間に二回受験することができます。同じ試験を二回受けても、別々の試験を一回ずつでも構いません。英検なりＴＯＥＦＬ　ｉＢＴなりを受ける前に、「あなたはこの結果を、大学に提出しますか」という項目にチェックを入れ、署名して受験します。何回も受けることは自由ですが、受ける前に申告できるのは二回限り。結果が出たあとに点数が良かった回を選んで提出することはできません。

二回のスコアレポートは試験機関から「大学入試英語成績提供システム」を介して大学へ提出され、成績の良かったほうが使われます。スコアレポートを五十万人の受験生が受け取ってから各自で送るとなれば、膨大な事務処理が必要になります。改ざんや偽造といった問題も出かねないので、提供システムから大学へ直接送るのは適切な方法だと思います。大学入試センターは、いまも非常に高い数値管理能力をもっています。英語に関していえば、センターは試験を作る機関から統計処理や審査を行なう英語成績提供システムへと役割が変わるわけです。

英語成績提供システムへ提出された成績は、スコアレポートが返ってくるので受験生自身も確認できます。現在はセンター試験のマークシートを自己採点し、東進や河合塾などの予備校に提出して分析してもらう形を取っています。二〇二〇年度から、国語と数学は記述式問題の導入によって自己採点がやりにくくなりますが、移行期間を経て、英語は逆に、正確に把握できるようになります。

高校三年の四月から十二月までと期限を設けたのは、早い時期に英語の点数を確保しようとするあまり、民間検定試験の受験が過熱することを防ぐためです。現在も、高校二年生の終わりくらいからは二技能や一技能に絞った受験対策中心の勉強になってしまう傾向があります。四技能のテスト対策は、それよりははるかに指導要領に近くはなるのですが、二年生までは、テスト寄りの勉強になりすぎないよう歯止めをかける必要があります。

1-8　四技能テストの高校生への波及効果

四技能テストの試験対策は、今ほど悪いウォッシュバック（波及効果）を及ぼす心配はないだろうと考えられます。現在のセンター試験などに出されている文法問題・発音問題・整序問題などの間接測定問題や、個別入試の難解な文の和訳問題に対しては、作問者の意図に反して、予備校や出版社が受験英語と呼ばれる特殊な対策英語を作り出してきました。私も当事者として長い間それをやってきました。一方で、四技能を直接測る問題は、それよりもよい波及効果をもたらす可能性が大きくなるでしょう。例えば、整序問題や文法問題であれば、英語を話さず書かず、問題を解くことのみに特化した試験対策がいくらでも考えられます。しかし、与えられた題に対して即興で論理的に六十秒間、発話するスピーキングの問題や、アカデミックエッセイを書く問題に対して、日本語ベースの受験テクニックばかり磨いても対応できません。

理想を言えば、高校二年生までの英語教育は、大学入試を過剰に意識したものであるべきではありません。一定の節度を持たせ、資格や得点の取得が目的化しすぎないような歯止めが必要です。そこで、試験期間が三年生の四月一日以降に限定されているわけです。たとえば三年生になる前に英検2級を取得した高校生も、三年の四月から十二月の間に改めて受験し直すことになります。

実際には、すでに民間の四技能試験を取り入れている上智大学などでは、三年生になって学力を上げてから、二学期に行なわれる試験を受ける受験生が多いと聞きます。

受験機会を二回と限定したことは、公平性に対する配慮からです。民間の四技能試験の受験料は、前述のように五千数百円から二万数千円までいろいろですが、決して安くありません。回数に縛りをかけなければ、経済的に恵まれた受験生は、いい結果が出るまで十回も二十回も試験を受けることが可能です。しかし二回という縛りがあれば、チャンスはあくまでも二回までです。

また、一度の受験だとスポーツの試合や演奏会と同じように番狂わせが起こりやすくなるでしょう。どうしても本当の実力が出せないケースもあります。時期を選んで二度のチャンスがあることで一発勝負を避けることができます。浪人生や社会人の受験生についても同様に、入試前年の四月から十二月に民間検定試験を二度受けることになると思われます。

1-9 スピーキングとライティングの採点は、どう行なわれるのか

講演先などでよく、「スピーキングとライティングのテストは、採点者によって得点に差が生じるのではないか」という質問を受けます。

テストの採点方式を考えると、最も公平性が高いのはマークシートです。しかし正確さや迅速性が高い一方で限界もあり、スピーキングとライティングの能力を測ることは不可

能です。正解を選択肢から選ぶ「間接測定」にならざるを得ないのです。そのやり方、つまり「間接測定」が英語教育に悪いウォッシュバックを与えてきたと、世界でも問題視されるようになりました。

四技能試験は、スピーキングとライティングも「直接測定」します。もちろん、マークシートと同等の公平性は実現できません。公平性は完璧だけれども、悪いウォッシュバックを許容するか。公平性は絶対とは言えないが、比較的良いウォッシュバックを生む方法か。そのトレードオフにおいて、世界は後者を取りました。オックスフォード大学もハーバード大学も、外国からの就学者の英語力の測定には、原則として四技能試験を採用しています。

ただし試験機関にお任せではなく、不祥事があった場合は別の試験に切り替えるなど、検証は随時行なっています。二〇二〇年度以降の日本では、大学入試センターの後継となる英語成績提供システムがその役割を担うことになります。

日本の入試や学校教育では、よく減点法が使われてきました。ライティングの答案なら、スペリングミスや文法ミスを探して減点していくやり方です。

一方で、四技能試験の採点には、「観点別ルーブリック評価」が用いられます。ルーブリック評価とは、学習目標に対する達成の度合いと、度合いに対応するパフォーマンスを評価するものです。この方法では、減点法のように、スペリングや文法などの細部に完璧さを求めません。例えば、上限をＢ２とするテストであれば、多少のミスはあっても、ノンネイティブとしてコミュニケーションに支障がなければ、満点の評価が出ます。試験によって設定は違いますが、求められる観点はおおよそ以下のようなものです。

・文法や言葉の使用法の正確さ（Linguistic Accuracy）
・使っている語彙の範囲の広さ（Vocabulary Range）
・発音とイントネーション（Pronunciation and Intonation）
・発話の論理性と内容（Logic and Content）

だいたいこのような観点別に採点者が評価を出し、ＣＥＦＲのレベルに統合してスコア化していくのです。

試験によって異なりますが、評価者は基本的に複数で、その上にスーパーバイザーがいます。例えば、ある面接形式のスピーキング試験だと、一人目の採点者は面接官で、受験者がＣＥＦＲのおおよそどのレベルにいるかを、総合評価として記録します。二人目の採点者は、記録を元にして、観点別の評価を行ないます。その評価が一人目の採点者と大きくずれていなければ、そのままスコア化されます。ずれがある場合は、評価者に問題があると見なされ、上位のスーパーバイザーが調整します。テストはすべて録音および録画されていますから、それを見て再評価を行なうのです。四技能試験の採点は、こんなふうに行なわれ、公平性を確保する努力が払われています。

細かい採点方法は、試験機関によって異なります。複数の採点者が観点を分担する場合もあるし、面接官は受験者に発話を促して受験者のスピーキング能力を最大まで引き出して記録し、別の採点者が細かく観点別評価する、というような形式もあります。試験機関には、今後ますます採点の公平性やセキュリティを向上する努力が求められます。

ＴＯＥＦＬ iＢＴのスピーキングセクションの場合、受験者のＩＤは隠され、アメリカのニュージャージー州の本部へ送られます。それを設問ごとに分解し、人間が採点する部分とＡＩが判定する部分に分割します。人間のパートは複数の担当者が採点をし、ＡＩの部分と再び統合してスコア化するのです。

特にＩＢＴのスピーキングテストに関しては、何回受けても同じようなスコアが出ることは、私も実際に受験してみて実感しています。

ルーブリックの大枠は、試験機関から公表され、それを受験生や教師も共有します。試験前にそれを知ることで、「何が評価され、高い得点になるか」を把握できます。また、教師は「何を教えれば良いのか」がわかるわけです。

採点者の研修を徹底することも大切です。面接形式のテストには、優秀な面接官や評価者を確保しなければならないという大きな制約があります。

多くのテスト機関は、カリブレーション（調整）トレーニングとそのテストを面接官に義務付けています。例えば、ある試験機関では、およそ二年に一度、オンラインによる試験があります。次々に現れるスピーカーについて、「この人は三」「次の人は五」と観点別に採点してインターネット上で入力していき、整合性がチェックされます。その試験に合格しないと、面接官の資格は更新されません。

面接官は大学や高校の先生のほか、通訳業やグローバルビジネス経験者などが担当しています。秘密保持の契約も含め、試験機関はしっかりした人材を採用するように、更なる努力が必要となるでしょう。英検の場合は面接委員と呼びますが、年間で百万人くらいの面接を行なっています。二〇二〇年度に大学入試の受験生が増えるので、さらなる人材の確保とセキュリティ・正確性の向上が課題です。今後の人材の確保は、ＩＢＴ／ＣＢＴ技術を活用し、日本だけでなく英語を公用語とする様々な国で行なわれると予想されます。

1-10 難易度の異なる民間検定試験を、どうやって対照する？

「内容も難しさもまちまちの民間検定試験の結果を、どうやって比較して、優劣をつけるのか。どの試験を選ぶかによって、有利不利が生じるのではないか」という質問もよく受けます。

そこで使われるのが、前述したＣＥＦＲです。現在、世界で行なわれている四技能試験は、ＣＥＦＲとのレベル準拠性と妥当性を確保することをほぼ条件づけられています。そのため、各試験機関は毎回の試験の統計を基に絶えずカリブレーションを行ないます。独自に被験者テストやアンケート調査も実施します。また、各試験機関はＣＥＦＲの専門家による第三者機関を設置して準拠性を検証しています。

試験機関同士の連携も課題です。例えば英検やケンブリッジ大学英語検定機構やＥＴＳ

等の世界のテスト機関が共催する学会が運営されており、ここでは、各試験機関や専門家から様々な研究発表がなされています。また、試験機関横断で、被験者に別のテストを受けさせてＣＥＦＲのレベルが同じ結果になるかどうか、などの検証を繰り返しています。今後は更に多くの検証事業や学会が必要になっていくでしょう。

各試験機関は、ＣＥＦＲの測定可能範囲、どのレベルからどのレベルまで測定できるかを公表しなければなりません。例えばＴＯＥＦＬ　ｉＢＴの場合は「Ｃ１からＢ１まで」です。ＴＥＡＰは、「Ｃ１からＡ２まで」。ＴＯＥＦＬ　ｉＢＴより易しめです。

どのテストでどのくらいの点数をとったらＣＥＦＲのどのレベルに該当するのか、横並びに対照する仕組みがＣＥＦＲにより可能になっています。今後は、英語成績提供システムもこのような調査を徹底し、各試験機関の申告を審査していく必要があるでしょう。また、年次で発表される対照表に検証の結果を反映していく必要があると思います。

1-11 それぞれの大学は、民間検定試験の使い方を独自に決める

現在のセンター試験は、国立大学や私立大学が必ず利用しなければならないと決まっているわけではありません。大学には自治権があり、それぞれがセンター試験の活用を独自に決めているのです。

新制度における段階別評価のテスト結果もまた、各大学や学部がアドミッションポリシー（入学者受け入れ方針）に基づいて自由に使えます。活用方法は、次の通りです。

①出願資格——基準レベルを満たした場合のみ、出願を許可する。
②試験免除——基準レベルを満たした場合のみ、英語の試験を免除する。
③得点加算——取得したレベルに応じて、試験の得点に加算する。
④みなし得点化——取得レベルに応じて、みなし得点を設定。試験の得点と比べて、高いほうを採用する。初めから、みなし満点とする場合もある。
⑤総合判定の一要素——合否判定の材料のひとつとして用いる。

国立大学協会の入試委員会は、各大学に二つの案を示しました。①の、一定水準を満たしていることを出願資格とする案。③の、六レベルを点数化してセンター試験の英語の点数に上乗せする案です。四技能それぞれについてCEFRの六レベルですから、四×六で二十四点満点というイメージになります。

私立大学や一部の国立大学は、民間検定試験をすでに導入しています。その形式は大学や学部ごとに、右の①から⑤の多岐にわたっています。英検2級で英語の試験を免除する②が多いですが、合否と合わせてスコアが出るようになったことを利用して、難関大学では何点で合格したかが問われます。早稲田大学と明治大学の一部の学部では、二千二百点以上での2級合格が英語試験免除の条件です。CEFRでいうと、B2とB1の中間が求められています。

世界の多くの大学は、得点の基準と同時に四技能ごとの最低基準を設けています。例えばオーストラリアのある大学に留学したい場合は、IELTS六・〇以上で、なおかつ各技能が五・〇を下回らないこと、という条件が課されます。日本でも、右に挙げた早稲田大学は、英検2級の二千二百点と同時に各技能の最低ラインを各五百点と定めています。

このように技能ごとの下限を設けることは、バランスのよい英語学習を促すためです。スピーキングの勉強はせずにリスニングとリーディングだけで点数を稼ぐとか、読解の勉強は捨ててスピーキングで満点を狙う、といったケースを防ぐためです。指導要領に謳われている四領域のバランスとほど遠い学習を選んでしまう学生が、出てくる恐れがあるからです。特に基準となる総合得点が低くなる場合ほど、技能ごとの下限を設けておかないと、ある技能は〇点でもほかで点数を稼げるケースが出てきてしまいます。

上智大学が行なっているTEAP型入試は、年に三回受験した結果の四技能をばらばらにして、技能ごとに一番よかった得点を提出できるようにしています。二〇二〇年度からの新制度が、二回の受験機会から四技能をばらばらに採用してもらえるのか、総合点の高かったほうの回の四技能をまとめて提出することになるのかは、まだ公表されていません。

しかし、ばらばらに提出するやり方は事務作業が煩雑になりますから、おそらく一回のテストの四技能を一括りにするのではないかと思われます。

check!

民間試験の結果を大学はどう使うか？

① **出願資格** —— 基準レベルを満たした場合のみ、出願できる

② **試験免除** —— 基準レベルを満たした場合のみ、英語試験を免除。

③ **得点加算** —— 取得したレベルに応じて、試験の得点に加算。

④ **みなし得点化** —— 取得レベルに応じて、みなし得点を設定。みなし満点も。

⑤ **総合判定の一要素とする。**

国立大学

①か③が国立大学協会の試験委員会から提案されている。

私立大学

民間試験を導入している私立大学では②が多い。英検2級で英語試験免除。

＊例えば早稲田大学や明治大学の一部学部では2200点以上での英検２級合格で英語試験免除。

a　二〇二〇年度から四年間は移行期間

二〇二〇年度から二〇二三年度までは、民間の四技能試験が導入されると同時に、大学入試センターが行なう英語の試験も引き続き実施されます。センターの英語が廃止されるのは、二〇二四年度。四年間の移行期間を設ける、と文科省が決定したのです。

当初、二つの案が議論されました。A案は、二〇二〇年度に大学入試センター試験の英語を廃止し、民間の四技能試験へ完全に切り換えるというものです。ここで危惧されたのは、五十万人の受験生全員が一度に切り換えると、大きな混乱が生じるのではないか、ということでした。

ほかの科目は、国語に記述問題が三個増え、数学に記述問題が三個増えても、試験制度そのものが大幅に変わるわけではありません。しかし英語に関しては、現在の一・三技能試験から民間の試験を活用した四技能試験への変更は、まったく別の科目に変わってしまうぐらいの巨大なインパクトをもたらすのです。

そこで、B案が検討されました。センターが実施するマークシート式の二技能試験は当面残し、移行期間を設ける。その間は、①マークシート式二技能、②民間四技能、③マークシート式二技能と民間検定試験の両方、の三つの中のどれを選ぶか、各大学が自由に決めるという案です。③は、センターの試験はリスニング＋リーディングの二技能なので、民間検定試験のスピーキング＋ライティングと組み合わせる、という複雑なシステムです。

大学や高校に双方を提案した結果、移行期間のあるB案が支持され、決定に至りました。

国立大学協会は、移行期間が終わるまでの毎年、マークシート式と民間検定試験の両方を全八十二校の受験生に課す、と正式に発表しました。国立大学は、二〇二三年度まで③で行くというわけです。「国立大間でテスト形式が異なると、受験生が志望校を変えるときに混乱するから、足並みを揃える」というのが理由です。二つの試験の結果の活用方法に関するガイドラインを、二〇一七年度中に決めるとのことです。

一年でも早く四技能へ切り替えて欲しいものですが、混乱を恐れ、様子を見ながら少しずつ変えていく日本的なやり方が好まれたのです。変えることは歓迎だけれども、急に変えてくれるなということです。

私立大学の中にも、国立大学のやり方に倣うほうが受験生を確保しやすい、と追従する動きが出てくるかもしれません。

さて、センター試験の変更に伴って、新しい動きが生まれています。東京都は都立高校の入試にスピーキングを導入すると発表しました。民間のテストを独自にカスタマイズしたものを使い、早ければ、二〇一九年には試行試験、二〇二〇年からの開始となるそうです。

また、東京外国語大学も、ブリティッシュ・カウンシルと新たなスピーキングテストBCT‐Sを共同開発し、二〇一九年二月実施の新学部の入試から活用すると発表しました。このテストは、東京外大の他の学部や他の国立大学の個別入試でも利用できるようになるということです。

b─スーパーグローバル大学は、スーパーグローバルな入試を

文科省からスーパーグローバル大学に選定され、特別に予算をもらっている大学が、私立大学の中にもたくさんあります。大学のパンフレットでも、売り文句として強調されています。私個人の意見としては、そうした大学は、よそに先駆けてグローバルな試験を開始していただきたいものです。アドミッションポリシー（入学者受け入れ方針）でグロー

バルを謳っていながら、非グローバルな一～二技能試験を続けるのは、「看板に偽りあり」ではないでしょうか。

受験生や保護者の皆さんは、志望する大学がこれからどう動くか、注視してください。名前だけがグローバルなのか、中身も本当にグローバルなのか、この選択によってわかるし、多額の学費と四年間の時間を託するに足る大学かどうかもわかると思います。

もちろんグローバルの定義は曖昧です。古く難解な英文を翻訳することをグローバルだという大学の独自解釈を信じるのであれば、その大学を選択するのもありです。また、世界の大学に合わせて四技能試験を取り入れている大学の考え方に共鳴するなら、その大学を選択すれば良いでしょう。

入試問題はその大学の英語教育の内容を反映しています。パンフレットにグローバルと書いてあるのは、いまやどの大学も同様ですが、英語教育の内容が最も如実に表れるのはその入試内容なのです。その大学で英語を教えている教員が入試内容を決めているからです。入試をみれば、どのような授業をやっているのかは一目瞭然です。受験生の皆さんも父母の皆さんも、大事な時間とお金を投資するわけですから、パンフレットを鵜呑みにすることなく、入試システムを厳しい目で見て進学する大学を決めなければいけません。

C　移行期間のマークシート問題はどうなる？

審議会の議論で、非常に大事なポイントが欠けていたので、私は次のように指摘しました。

「大学入試センターは二〇二〇年度以降の四年間も、自ら英語のテストを作り続けることになったが、二技能の試験がいまのように不均等なまま続くのか。それを認めていいのか」

さらに、

「現在のセンター試験の間接測定、つまり整序問題、文法問題、発音問題は、教育現場に悪い波及効果をもたらしているとよく指摘されている。これを、二〇二〇年度以降も残してしまうのか」

と述べました。

私の意見では、センター試験の英語を今の形のまま残すことはあってはならないと思います。共通テストと名前を変えたあとも四年間続けると決まった以上、二技能にさえなっていない、リーディングに偏った一・三技能の形と、間接測定の整序問題や発音問題は見直し、新しい形へと大改訂しなければならないと思います。最低でも、間接測定をなくし、二技能を均等にしなければいけないでしょう。

入試問題とＣＥＦＲの準拠性を議論する文科省の「英語力評価及び入学者選抜における英語の資格・検定試験の活用促進に関する作業部会」では以下の点を指摘させていただきました。「二〇二〇年度以降にセンターが作る試験はＣＥＦＲに準拠しなくていいのか」「センターは四技能試験を認定する立場でありながら、自らが作る英語の問題については同じような厳しい評価をしなくていいのか」。並行して行なう以上、センターの後継となるテストはＣＥＦＲとの対照も明らかにする必要があるからです。

また、私が強く主張したいのは、センターが民間検定試験に対して公平性や妥当性を求め審査する以上、二〇二〇年度から二〇二三年度まで四年間もの間に作成する二技能の試験に対しても同様でなければいけないということです。それぞれの出題の意図や、ＣＥＦＲにどう準拠しているかを明確にして、公表していただきたい。また、ルールを固定化し、これまでのように、出題内容を急に変更するといったことをしないようにしていただきたいと思います。

1-12 地域格差や受験費用の問題

どの民間検定試験を選んでも、ＣＥＦＲのレベルに置き換えられて対照される点は説明しました。しかし受験機会の地域格差や費用には、不公平が生じる懸念があります。たとえば東京や大阪などの大都市にしか受験会場のない試験は、地方に住む受験生にとって不公平になります。機会は均等であるべきですから、全国津々浦々で受けられる試験が理想です。

費用も、なるべく安くあるべきです。英検は、国際通用性の面では、ＴＯＥＦＬやＩＥＬＴＳに敵いませんが、２級や準２級なら五千円台で受験できます。高額な民間検定試験については、大学受験への利用に限って補助制度を充実させるなどの措置を設けるべきだと思います。

受験回数を二回に制限しても、超富裕層の子どもたちは毎週のように何らかの四技能試験を受け、慣れてから本番に臨むケースが出てくるでしょう。ただ、いまでも予備校の模試を何回も受けて本番に挑むなど、それに類することはいくらでもあります。経済的な格差を完全に解消することは、資本主義社会が存続する限り難しいというほかありませんが、有識者会議でも述べた私的なアイディアを付記しておきます。

四技能試験でお金がかかるのは、会場を借りる費用と監督などの人件費が中心だと思われます。人件費は仕方ないとして、会場費は地方自治体が運営する公共の施設の利用により節約できる可能性があります。図書館や体育館等の、いわゆるハコモノです。四技能試験を入試に採り入れている大学から、会場を無償で提供してもらう方法もあるでしょう。そして、試験機関はその分を受験料から割り引いたり、不平等是正のための補助にまわしていただく。

さらに、例えば東洋大学がすでに行なっているように、四技能試験を活用する受験生には、受験料の大幅な割引をしていただけないでしょうか。東洋大学では、前期試験受験者すべてに対して、四技能試験によるみなし得点が八十点換算から利用できます。そして、四技能試験を活用する受験生に対しては、一万五千円の受験料の割引を行なっています。通常三万五千円の受験料が二万円になるのです。この一万五千円で、英検を二回受けることができ、そのスコアは他の大学の入試にも利用できるわけですから、とてもありがたい制度です。このような大学がもっともっと増えていくことを願います。

今後は、様々な補助や試験機関の自助努力によって、この試験料が引き下げられていくことを期待したいと思います。すでに東京都の私学財団や地方自治体で補助を行なっているところもありますが、二〇二〇年度の施行までには、受験料補助に関して、国として不平等にならない制度が必要になると思います。

地方自治体や大学等の協力も期待したいところです。また、遠隔地の受験生には、試験場までの交通費や宿泊費が発生するという問題もあります。これに対しても、IBT／CBT技術の整備を早急に行ない、離島や遠隔地の役場などでも試験が実施できる体制を整備する必要があると思います。

各試験団体に対しては、離島など交通が不便な地域に住む受験生に費用を還元する仕組みを作れないか、と提唱しました。

試験の平等性を担保するためにも、受験生の経済的な負担を軽減する方法や、地域格差や家庭の経済力による格差を解消する策を、今後も関係者が全力で練らなければならないと思います。

1-13　どの試験を選んで、どんな時期に受ければいいのか

受験生は、大学入試センターが認定し、志望する大学が採用した民間検定試験の中から、どれをいつ受けるか決めます。認定された試験のすべてを採用する大学がほとんどだと仮定すると、自分の受けたい試験ではその大学を受験できないという不都合は生じなくなります。

センターは、英検、ＧＴＥＣ ＣＢＴ、ＴＯＥＦＬ ｉＢＴ、ＩＥＬＴＳ、ＴＥＡＰ、ケンブリッジ英検に関しては認定する可能性が高いと思います。

どの試験を選んでもいいとなると、どれを選べばいいのか、かえって困るかもしれません。民間検定試験には、それぞれ特性があるからです。選択の基準は、地理的に受けやすいことと、将来の進路を考えて大学入学後の自分が目指す姿に置くことです。

入学後は特に海外留学などを目指さないのであれば、英検やＧＴＥＣのような、全国各地に試験会場があって受けやすく、費用も安い試験を選べばいいと思います。

しかし、日本の大学に入学しても、海外の大学へ正規に留学して勉強したい人も多いはずです。各大学の交換留学の仕組みを利用して海外で学びたいとなれば、国際通用性の高いＴＯＥＦＬ ｉＢＴかＩＥＬＴＳを選ぶことも選択肢に入ってきます。

ＴＯＥＩＣ Ｓ＆Ｗは、四技能を併せて使用するならば、社会人の英語力判定には適した試験だと思いますが、ＴＬＵがビジネスですから、私は、一般の高校生には向いていないと思っています。また、Ｌ４９５／Ｒ４９５／Ｓ２００／Ｗ２００という極端に偏った配点も問題です。その点から、認定には少々問題があるのではと思います。

受験時期について言えば、英語によほど自信がある人は、三年生の一学期から夏休みに受験するでしょう。早めに民間検定試験を二回受けてしまえば、あとはほかの科目に集中できるからです。

しかし多くの生徒は、じっくりと四技能の力をつけてから、秋に勝負することになるでしょう。夏は受験の天王山と言われます。もしかしたら人生で一番勉強するかもしれない高校三年生の夏休み、いままでは文章の構造分析や英文和訳ばかり勉強していたのが、これからはスピーキングやライティングを含む四技能の活動型の学習に変わります。

check!

民間試験の選び方、時期の決め方

どの試験を選ぶ？

特に海外留学を目指さない志望者
➡ **英検やGTEC等**

海外への留学やグローバルな学部の志望者
➡ **TOEFL iBT、IELTS等**

いつ受ける？

英語に自信がある受験生
➡ **高校三年生の一学期から夏休み**

Melit
民間試験を受けた後に他の科目に集中できる

一般の受験生
➡ **三年生の秋**

Melit
夏休みに実力をつけて臨む！

各種の民間検定試験には難易度やＴＬＵ、実施形態の違いはありますが、本質は似ています。個別の傾向や対策にこだわらず、本当の四技能をバランスよく高めることこそ、高得点への近道です。

第2章

REFORM

大改革は
なぜ必要だったか

2-1 なぜ入試を変える必要があるのか

第一章では、英語の大学入試の改革について、何がどう変わるのか説明しました。この章では、そうした改革がなぜ必要だったのか、という点から述べていきましょう。

かつて英語学習者や教育者に求められたのは、高い翻訳技術でした。海外の先進国から輸入した文献を和訳し、どんな学問でも日本語で学習できるようにする必要がありました。しかしグローバル化が進み、インターネットの時代になりました。メールやスカイプで海外の人と会話するには、瞬時に英語でやりとりしなければなりません。ビジネスや学問の世界では、プレゼンテーションやディベートの力も問われます。話したり書いたりする英語が今まで以上に必要になっています。日本語に一度翻訳して、という時間はありません。英語で聞いて英語で答え、英語で読んだら英語で書くのです。この傾向が、ますます強くなっていくことは明らかです。

日本の英語教育は、そういった世界の流れに対応できているのか。残念ながら、少々取り残されてしまった感があります。

二〇一三年に発足した内閣の諮問機関「教育再生実行会議」（座長＝鎌田薫・早稲田大学総長）で、右のような議論が交わされました。そこで、英語教育を大きく変えなければならないという認識で一致したことが、大改革の始まりでした。

今回の大学入試改革は、文部科学省による「高大接続改革」の一環です。「高大接続改革」とは、「高校教育改革」「大学入学者選抜改革」「大学教育改革」の三つを連携しながら一体的に行なうことを指します。

二番目の「大学入学者選抜改革」が、大学入学共通テストの導入です。その目的を、文科省はホームページで次のように説明しています。

〈グローバル化の進展や人工知能技術をはじめとする技術革新などに伴い、社会構造も急速に、かつ大きく変革しており、予見の困難な時代の中で新たな価値を創造していく力を育てることが必要です。

このためには、『学力の3要素』（1．知識・技能、2．思考力・判断力・表現力、3．主体性を持って多様な人々と協働して学ぶ態度）を育成・評価することが重要であり、「高等学校教育」と、「大学教育」、そして両者を接続する「大学入学者選抜」を一体的に改革し、

それぞれの在り方を転換していく必要があります。〉
記述式問題の導入については、こう説明されています。
〈解答を選択肢の中から選ぶだけではなく、自らの力で考えをまとめたり、相手が理解できるよう根拠に基づいて論述したりする思考力・判断力・表現力を評価することができます。
また、共通テストに記述式問題を導入することにより、高等学校に対し、「主体的・対話的で深い学び」に向けた授業改善を促していく大きなメッセージとなります。大学においても、思考力・判断力・表現力を前提とした質の高い教育が期待されます。
併せて、各大学の個別選抜において、それぞれの大学の特色に応じた記述式問題を課すことにより、一層高い効果が期待されます。〉
右の文章にある「思考力・判断力・表現力」と「主体的・対話的で深い学び」は、今回の改革のキーワードです。
「教育再生実行会議」では、英語教育に関してもいろいろな議論が交わされました。その中で最も革新的な提言が、大学入試のセンター試験の英語科目を廃止して、民間の四技能試験に変える案でした。大学受験が変われば、高校の教育が変わり、高校受験も変わります。日本の英語教育を根本から変えるには、大学受験を四技能化する必要がある、という結論に至ったのです。

文科省は、以下のように説明しています。

〈グローバル化が急速に進展する中、英語によるコミュニケーション能力の向上が課題となっています。

現行の高等学校学習指導要領では、「聞く」「読む」「話す」「書く」の４技能をバランスよく育成することとされており、次期学習指導要領においても、こうした４技能を総合的に扱う科目や英語による発信能力が高まる科目の設定などの取組が求められています。

大学入学者選抜においても、英語４技能を適切に評価する必要があり、共通テストの枠組みにおいて、現に民間事業者等により広く実施され、一定の評価が定着している資格・検定試験を活用し英語４技能評価を推進することが有効と考えられます。〉

四技能の意義を認めている学習指導要領の内容に大学入試をマッチさせ、四技能テストの実績がある民間試験を活用することになったわけです。

2-2 受験英語の影響力

大学入試改革に対しては、こんな意見があります。

「それはあくまで、大学に進学する人たちの話でしょう。我が国の大学進学率は約五二％(二〇一六年度)だし、試験制度に敏感なのはその中でも上位の生徒に過ぎないから、多くの人には関係ないことじゃないの?」

そんなことはないと思います。大学入試制度の変更は、進学校の教育モデルに影響を与えます。そして進学校の教育内容は、その地域にあるほかの高校に大きな影響を与えます。将来、英語教師の職に就く多くは、進学校から大学に進学する層の人たちです。彼らは、自分の受けてきた英語教育を再生していくことになります。そう考えると、入試の変更は教育全体に多大な影響を与えることがわかります。

二〇二〇年度から学習指導要領が変わり、小学校から英語が正式の科目になります。高校の英語の授業は、おおむね英語で行なわれるようになります。どちらも大切だと思います。しかし早い話、ゴールである大学入試の英語をなんとかしなければ、何をやってもうまくいくはずがないのではないでしょうか。

「英語の入試に、英検やＴＯＥＦＬやＴＯＥＩＣなどの外部試験を活用する」という案は、以前からありました。しかしその当時の英検には二技能や三技能や四技能のものがあり、日本人がＴＯＥＩＣと言う場合には二技能を指していました。また、ＴＬＵに関しての議論が全くありませんでした。二技能と四技能の区別をつけない議論は本質からずれていきます。センター試験か民間かということではなく、四技能の評価であるかどうかということが肝心だからです。

そこで、こうした意見も出ます。

「四技能になろうが二技能のままだろうが、受験生はテスト対策に走るだけだろう。結局、何も変わらないんじゃないか」

テスト対策をなくす方法は、テストをなくす以外にありません。しかしテスト対策にも、悪いテスト対策とましなテスト対策があります。現在の問題は、偏ったテスト方式が、偏った対策を生んでいるということです。出題者や文科省の意図に反して、予備校や出版社から発信される受験情報が、現場で指導要領よりも大きな力を持っていることです。入試制度を変え、ましなテスト対策に変えていこうというのが二〇二〇年度の改革の狙いです。この動きを止めてしまったら、予備校や出版社が二技能試験をベースに構築したビジネスモデルが変化するのは難しいでしょう。

2-3 日本の大学生が留学しなくなったのはなぜか？

かつて、英語圏の大学への就学基準として二技能のTOEFL PBTというテストを使っていた時代がありました。内容はリスニング、文法と読解の二技能で、五百数十点取らなければ留学できません。私が大学生だった頃もみんなTOEFL PBTの勉強をしていました。アメリカで作られた試験ですから英語自体は素晴らしいのですが、ひたすらマークシートを塗って二技能の練習をしていたのです。そうやって優秀な成績を収めた学生は、アメリカのアイビーリーグなどの大学へ留学しました。

ところが、予期せぬ問題が起こりました。TOEFL PBTで高得点を上げた日本をはじめとする東アジアからの留学生が、授業中に発言できないわけです。マークシートの勉強が目的化するあまり、点数が高くても英語が話せない。ＴＯＥＦＬ ＰＢＴの試験対策が、スピーキングの学習を促進しなかったためです。二技能試験は、世界的な信用を失っていきました。

そこでＴＯＥＦＬの試験を作るＥＴＳは、エッセイライティングを組み入れました。そうして三技能になったＴＯＥＦＬ ＣＢＴが生まれました。しかし相変わらず、スピーキングは測定できません。そこで、ＩＥＬＴＳというイギリス発の四技能均等型試験が登場し、世界の多くの大学がこれを採用することとなります。それを受け、ＴＯＥＦＬも二〇〇五年からスピーキングを取り入れて、四技能となりました。それが現在のＴＯＥＦＬｉＢＴです。インターネットテクノロジーを使い、四技能を均等に直接測定する革新的な試験です。この二つのテストの出現もあり、世界の英語学習は、四技能が主流となっています。日本はこの波に乗り遅れています。

文科省の調査によれば、二〇一六年度の世界の大学ランキングトップ百のうち九十七大学が、先進国からの外国人の正規の課程への就学条件については、原則として四技能試験の成績しか認めていないそうです。残る三大学は日本を含むアジアの大学です。

大学同士で提携して、二技能試験によるサマーセッションや短期留学などの抜け道を作っているケースはたくさんありますが、基本的には四技能試験の点数が取れなければ、海外の難関大学へ正規留学は難しい時代となっています。

文科省が発表したOECDの統計を見ると、海外へ留学する日本人が次第に減っていきます。ピークだった二〇〇四年は約八万三千人いましたが、二〇一四年には約五万五千人でした。

もちろん留学者数が減っている背景には、様々な社会的事情があるでしょう。こちらは経済産業省の調査ですが、大学生がなぜ留学をためらうのか尋ねたら、一番多い答えはお金の問題でした。しかし多くのアンケートにおいて、お金の問題は大抵一番に来るので、二番目の理由に注目する必要があります。それは「語学力が不足している」ということでした。よく言われる「内向き指向」に加えて、英語力不足が留学を妨げる大きな原因のひとつとなっているのです。

例えば私の母校の上智大学は、昔から交換留学制度の充実した大学として有名です。私が学生の頃は、前述した二技能のTOEFL PBTの点数を競い合い、交換留学の枠を取り合うのに必死でした。私は劣等生だったため、ついにもらえませんでした。ところが

check! 英語教育の転換

かつての英語教育

翻訳技術の向上
海外先進国の文献を和訳し日本語で学習する

↓

グローバル化とインターネット技術の進展

↓

瞬時に英語でやり取りする必要（メール、スカイプ）

話す英語、書く英語が必要に迫られている！

ところが・・・海外へ留学する日本人の減少

2004年 83,000人 ➡ 2014年 55,000人

なぜ？

減少の理由　1 費用がない　2 語学力がない

最近は、交換留学の枠が余っているらしいのです。四技能のTOEFL iBTやIELTSの基準点を取れないことが、影響しているのではないかと思います。多くの大学でそんな状態です。日本人学生の多くはスピーキングの点数が低く、留学するための就学基準を満たせないことが多いのです。

TOEFL iBTは、スピーキングとエッセイライティングの学習を高校生くらいから続けて勉強すればなんとかなる試験です。しかし大学受験で二技能の英語しか学んでこなかった大学生が一、二年、付け焼き刃の勉強をした程度では、なかなか点数が上がりません。留学生減少の一因も偏った大学入試にあると思います。

2-4 従来の入試英語の問題点

現在の入試は、採点方法や観点別ルーブリック、妥当性の確保などの重要な情報が、開示されないことも大きな問題です。受験生は、自分の答案のどこがどう採点されているのか、わからない場合が多いのです。予備校模試の解説程度の講評が大学から発表されますが、それを読むと、減点法のような従来型の採点をしていると推測できます。

世界のテスト機関では、ＴＬＵ、必要な語彙や背景知識、ＣＥＦＲのＣＡＮ‐ＤＯディスクリプター（そのレベルの英語を学習した結果、何ができるかを記述したもの）と設問との準拠性、などをできる限り公表するようにしています。特殊な知識なしに読めない英文は、「不公平が生じるので出題に適さない」と考えられています。

ところが日本の入試では、普通の高校生が持っていない知識を必要としたり、アメリカでも知識人しか読まないような英文が平気で出題されたりします。大学教授が教え慣れている原書をコピーして線を引き、「日本語で説明せよ」といった出題が許されているのです。英語のテストなのに日本語力や独創性を試すこともあります。高校の学習指導要領に準拠していなくても、一技能しか測れなくても許されているのが現状です。

さらに困るのは、出題の形式や傾向がコロコロ変わることです。しかも、変更の予告が事前になされません。懸命に勉強した高校生が受験会場に行って問題を開いたら、去年と全然違う傾向でしたということがしばしばあるのです。例えば、去年まで和文英訳が出ていたのが自由英作文に変わったり、下線部和訳が出ていたのが英語で答えるようになったり。センター試験ですら、予告のないまま傾向が変わります。

世界のテスト機関からすると、ちょっとびっくりでしょう。事前にサンプル問題を出し、こういうふうに変わりますと告知するのが常識だからです。

日本の大学の個別入試は、密室作成で密室採点。担当の教授にしかわからない、密室理論に従って行なわれているのです。おかげで、塾や予備校、出版社では、新傾向対策・過去問対策のビジネスが花盛りです。私のような予備校講師が、すべて日本語で説明する暗号解読のような授業が可能になるわけです。

予備校の英語科講師は、問題を日本語で解説するだけで務まってしまう仕事です。私も、数年前に授業のやり方を変えるまでは、すべて日本語で授業をやっていました。その人たちが本を書き、進学実績を上げたい高校の先生がそれを読んでまねしてしまうという不思議な構造なのです。学校の進路指導室にはそのような予備校講師が発信する情報が並び、指導要領は隅に追いやられています。

テストというものは、「コンプリヘンシブ（総合的な）パッケージ」でなければならないと思います。その問題がどういう意図と観点から作られているか、そして採点基準を事前に開示し、実施後には結果を公表し、改善をする。出題のルールを変える場合には、事前に告知をする。それぞれの問題に対する対策の姿がどのようになるかを考えて問題を調整していく。そのような総合的なシステムがテストなのではないでしょうか。

a 指導要領に準拠しない試験問題

大学入試を変えなければならない大きな理由に、学習指導要領との不一致があります。大学で入試問題を作る先生方には、中学・高校の先生方が守ろうと努力している指導要領をよく読んでいただき、それに準拠した評価をしていただきたいと思います。大学が求める学生像に個性を求めたい気持ちは理解できますが、大学入試には指導要領を破壊するほどの大きな力があるということをわかっていただき、中・高の先生方の指導とつながった一貫性のある評価をお願いしたいと思います。

中学・高校の先生は学校教育法に基づいて、指導要領に準拠した指導をするように求められています。英語の学習指導要領には、「読む、聞く、書く、話すの四領域の言語活動を関連付け総合的に指導する」旨が明記されています。指導要領の活用法を文科省が解説した「高等学校学習指導要領解説」の中では、「授業が翻訳や文法に偏重しないように」ということも書いてあります。先生方は、それに準拠した指導をしなければならないのに、できずにいます。なぜなら大学入試問題が、「四領域を関連付け総合的に出題し」ていない。さらに、「翻訳や文法に偏重し」ている。指導要領の逆をやっているからです。

特に進学校の先生ほど、ジレンマに陥ります。本当の英語を教えたいし、四技能をしっかり身につけてほしい。けれども入試に出ないから、生徒からも保護者からも「受験に役立つ勉強を教えてくれ」という要求を受けます。学校も、進学実績を上げることを期待しています。やむなく、受験英語を教えることになるのです。

よくあるのが、二年生の一学期までは指導要領に準拠しているのに、二学期から乖離する現象です。だんだん受験モードに入る二年生の夏休み明けから、試験に出ないスピーキングなどは教室から消えていきます。

新たに導入される四技能試験はその点では指導要領とは乖離しないので、二年生の二学期以降もスピーキングを教えることができます。三年生の四月になれば民間検定試験を受ける生徒が出てきますが、授業を特別な受験対策にシフトする必要も生じません。むしろ、スピーキングやエッセイライティングを手厚くしなければならないでしょう。

b センター試験の英語

二〇一六年度の大学入試センター試験には、六百九十四の大学が参加しました。国公立大学は一〇〇%、私立大学は約九〇%です。受験者は約五十六万人で、大学入学希望者の約八割でした。ちなみに試験会場はおよそ七百カ所あり、試験監督は八万人もいました。

英語のセンター試験はリスニングに一人一台のICプレイヤーを使い、毎年ほとんど大きな事故もなくこなしていることは、奇跡に近い技術だと思います。非常に公平性の高い、良質な試験システムであることは間違いありません。

内容的に高校生のレベルをよく研究して作られている点でも、非常に優れています。一つひとつの設問を指導要領に準拠させようとし、マークシートでできる範囲で極限までやろうとする努力には、敬意を払いたいと思います。

しかしながら、制度的な限界も露呈しています。どんなにいい問題を作っても、やはり二技能だからです。二技能試験で英語力をバランスよく測定できないことは、世界が出した結論です。

センターの努力が特に裏目に出ている部分が、ライティングとスピーキングの能力をマークシートで測ろうとする「間接測定」です。話す力をマークシートで試すために、発音やアクセントを選択肢から選ぶ。会話の穴あき問題を作って、当てはまるセリフを選ぶ。会話のやりとりの中から文法的に正しい文章を選んだり、単語の並べ替えをして文章を作る。などの問題が出されていますが、これらで本来のライティングとスピーキングの能力を測るには限界があります。

スピーキングの力の一つは、与えられたテーマについて即興で論理的に発言する力です。紙に印刷された日常会話を読んで、セリフを選ぶ問題ではこの力は試せません。ライティングも同じで、単語を並べ替えるパズルができても、自ら英文を書くことにはなりません。

高校や予備校の現場にいると、センター試験が高校生の学習に大きな影響を及ぼしていることを感じます。リーディング、発音、語彙、文法の出題が八〇%。リスニングが二〇%ですから、勉強する割合もおのずとリーディング四対リスニング一になっていきます。さらに、日本語で簡単に教えることができて、設問数としてたくさん出る文法問題の学習が肥大化して、その他の学習量を圧迫してしまうのです。特に塾や予備校の授業では、日本人が日本語で解説できる文法問題の対策が大きな割合を占めてしまいます。

c―私立大学の英語

日本には六百もの私立大学があり、各大学がたくさんの学部を抱えていて、それぞれ入試問題を作っています。大学や学部ごとに、長文を八割出したり文法を二割出したり、ライティングをやるやらないと決めているわけです。

したがって私立大学の問題に対して一概にコメントすることはできませんが、総じて一技能か二技能の場合が多いです。リーディングに少しだけ文法が混じった一技能や、リーディングに作文が加わる二技能です。リスニングを行なう気の利いた大学もありますが、非常に少ないといえます。

出題傾向は、大学ごとにあまりにもばらばらです。早慶上智、ＧＭＡＲＣＨと呼ばれる学習院、明治、青山学院、立教、中央、法政だけ見てもそれぞれ違うので、受験生は、早い時期から別々に準備しなければなりません。その準備もまた、本来あるべきバランスの良い英語とはかけ離れた学習になっています。

個々の問題を見ると、まさに玉石混淆。極めてクオリティの高いものもあれば、そうでないものもあります。四技能試験の問題作成は、Ｃ１からＡ１までのボキャブラリーレンジの妥当性を考えた上で、教科書を書いているようなアイテムライターがＣＥＦＲに合わせてアイテムを書き起こすところから始まります。

私立大学の入試は、アイテム作成担当に指名された先生がいろいろな原書を使って個人で作成し、コピーしてほかの先生に回覧して話し合いをするといった作り方がほとんどです。担当の先生が変わるたび、出題の傾向も変わります。

仕方がありません。私立大学の学部単位の組織では、それが精いっぱいだし予算もないだろうからです。スピーキングやライティングも、面接や採点に手間がかかる、などの理由で実行できません。それが限界である以上、私立大学の入試も外部の民間検定試験を活用するのがよいのではと思います。

d 国立の二次試験の不思議

国立大学の二次試験について強調したいのは、アイテムの難易度の問題です。多くの大学でどのレベルのアイテムが選択されているか、またどのように採点されているか、などが公表されておらず不明だからです。ＣＥＦＲのレベルやボキャブラリーレンジ、構文の妥当性などを考えてアイテムを選んでいるのかは謎です。

「このアイテムは、授業で使っている教科書からの抜粋だろう」と思って原典を調べると、昔から大学でよく使われている原書のイントロダクションあたりから取ってきているケースも散見されます。古くて構造が複雑な英文をわざわざ持ち出してきて、その中でも一番複雑な部分を翻訳させて日本語で書かせるという出題が、個別の大学入試には実際にあるのです。

現代英語では、構造は簡略化されてきています。アメリカの大学で使う教科書や、知識人が読む『ＴＩＭＥ』や『Ｎｅｗｓｗｅｅｋ』などの雑誌でも、昔のように構文的に複雑な文はあまりありません。ボキャブラリーと背景知識は高いレベルが要求されますが、構造的にはシンプルです。

その『ＴＩＭＥ』や『Ｎｅｗｓｗｅｅｋ』など英語圏の雑誌の記事がそのまま出題されるケースもありますが、それも入試にふさわしいとは思いません。英語力のほかに時事的な知識がないと読めない内容やＡ１～Ｂ２レベルの高校生にはあまりにも難しい語彙が含まれているからです。そもそも、英語圏で大学を卒業したネイティブの知識人が読んでいるＣ１レベルの文献を、外国語として英語を学んでいる日本の高校生になぜ強いるのか全く理解できません。

外国語として日本語を勉強している海外の日本語A2レベルの高校生に、日経新聞の社説の抜粋に線を引き、それを英訳させる問題を強要するとどうなるでしょうか？　あっという間に日本語が嫌いになると思います。

日本の入試では、複雑な英語を暗号解読するような翻訳や、一定の予備知識のない高校生には読めないような文献が、平気で出題されているのです。世界の言語教育の潮流とあまりにもかけ離れているのではないでしょうか。

ライティングの問題では、近年自由英作文が増えています。それ自体はたいへん良い傾向だと思います。問題としては四技能試験の出題とあまり変わりません。しかし問題点は、ほとんどの大学で、評価用の観点別ルーブリックや採点方法が公表されていないことです。出題の形式が急に変わることもあります。

フィギュアスケートにしろ、新体操にしろ、選手達は本番でどのような観点で採点されるかを良く理解しているからこそ、練習に打ち込み技を磨くことができます。競技者と判定者がルールを共有することは絶対条件です。競技方法やルールがコロコロと変わらず、一定だからこそ選手は安心して努力できるのです。

check!

従来の英語入試の問題点

- アメリカでも知識人しか読まないような英文や、試験を作る大学教授が使い慣れている原書を抜粋して使っている。
- 出題の形式や傾向がコロコロ変わる。

↓

英語力の何を測ろうとしているか、
意図がよく解らない

↓

塾や予備校では過去問対策が花盛りで、
暗号解読のような授業になる
バランスの良い言語習得が難しい

↓

入試を改善する必要性

しかし、塾や予備校は、「さすがは○○大学。深い思考力を問ういい問題だ」と入試問題を肯定的に受け入れます。「この出題はこういう狙いですね」と予備校講師が独自の解釈をしたものが、そのまま出版され、高校の先生がそれを参考に教える。本家の大学ではなく予備校講師の解釈が、まるでその大学の出題意図であるかのごとく広まっていくのです。本当におかしな話です。

センター試験に代わって四技能試験が導入されれば、今まで通り二次試験の英語が必要なのか、また今のままの形式で良いのかを考える必要があります。これまではセンター試験で二技能しか試せないから、二次試験でライティング等の能力をテストする必要があったかもしれません。しかし今後、四技能試験を二回も受けてきた受験生に、さらに英語の試験を課すならば、誰もが納得する相応の理由が必要だと思います。二〇二〇年度以降は、自ら試験を作成しなくても、四技能試験で求めるレベルをあらかじめ設定しておけば済むのではないかと思います。

中には、「TOEFL iBTやIELTSなど、けしからん。ウチの大学はもっと優れた試験を作れるんだ」という大学もあるでしょう。そのような大学には、ぜひ、民間の四技能試験以上の、妥当性・信頼性・実現可能性・公平性・波及効果を備えた、世界のテスト機関の誰もが納得する優れた入試問題を作っていただきたいと思います。また、四技能試験だけで足りないと考えるならば、その延長線上で、英語プレゼンテーションやアカデミックエッセイを書くなどの、グローバルに通用するクリエイティブな個別入試があっても良いと思います。今後の大学の奮闘に期待したいと思います。

実のところ、四技能試験を作るのは大変で、大変な予算と手間がかかります。それが独自にできないのならば、ハーバード大学やオックスフォード大学も信用して使っているような四技能試験を使うのが最善の選択だと思います。もちろん、四技能試験は、世界が出したファイナルアンサーではありません。今後は四技能融合型となり、さらに新しい試験へと進化していくでしょう。そのような流れに乗り遅れないためにも、まずは現状で世界が選択している四技能を測定する試験を使用していただきたいものです。

二〇一八年三月、国立大学協会は新テストにおいて民間の四技能試験を使用する方針を打ち出しました。その方針に対して、東京大学は合否判定には当面、民間の四技能試験を利用しないという旨を表明しています。東京大学の二次試験問題は現状では三技能ですが、ホームページには、スピーキングテストを行なわないのは技術的な問題があるためと説明されています。今後、東京大学には、技術的問題をクリアして、世界に誇れるような英語アセスメントを開発していただきたいと思います。

2-5 入試改革の道のり

私は、予備校での二十年以上の経験を経て、現在の入試英語のシステムから、日本の高校生を早く解放したいと願っています。世界の学生たちと同じような英語の勉強ができるようにしてあげたい。いまのままでは、本当にかわいそうです。

二〇一七年四月に「学校教育法施行規則」が改正され、すべての大学はアドミッションポリシー（入学者受入れの方針）、カリキュラムポリシー（教育課程編成・実施の方針）、ディプロマポリシー（卒業認定・学位授与の方針）の三つの方針を一貫性あるものとして策定し、公表することが定められました。

日本中に七百以上の大学があれば、その役割もさまざまです。「日本語を極めて、地域活性化に貢献する人材を育てる」と謳う大学があれば、それも尊重されるべきでしょう。英語の翻訳を専門に研究する英文学科があって、「翻訳中心の教育をします」とカリキュラムポリシーに謳っているのであれば、入試は従来通りの英文和訳でもよいのかもしれません。

前述したように、「スーパーグローバル大学になります」と手を挙げて文部科学省から補助を受け、それを入学案内で大々的に宣伝している大学もあります。そういう大学は、三つの方針の一貫性がグローバルという軸によって統一されていなければ、相応の責任を果たすことにならないと思います。交換留学や短期語学研修、グローバル施設の充実度など、国による五年おきの審査もありますが、マスメディアもアドミッションポリシーと入試との整合性を監視する必要があります。

大学入試が変わり始める二〇二〇年度は、東京オリンピック・パラリンピックが開かれる年でもあります。年々増え続けている訪日外国人の数は、ピークを迎えるはずです。英語によるコミュニケーションが、これほど身近になるときはないでしょう。

時代はどんどん変わり、グローバル化はスピードを速めこそすれ、後戻りすることはありません。過去から続いてきた大学入試の方法、英語教育の在り方は、いまこそ変わらなければならない時期に来ているのです。

ここで、現在に至る英語教育を振り返ってみましょう。その変遷を知ることで、今回の改革の重要性を実感していただけると思います。

ａ｜日本の発展に寄与した翻訳教育

英語教育が日本で始まった最初の時期は、学習人口が限られていましたから、招聘したアメリカ人やイギリス人から直に英語を習うことができました。その後、学習人口が増大すると日本人が日本人に英語を教える時代が続きました。勉強方法は、西欧の文献の和訳が中心です。英語を学ぶというより、英文を翻訳する技術を学んできた、というべきかもしれません。誰もが日本語の翻訳文献で海外の進んだ知識を学ぶことができるように、翻訳技術が発達しました。

そうやって世界の文献を輸入して翻訳し、日本語で出版する翻訳文献の世界が形成されました。科学技術やさまざまな文化を発展させ、敗戦を経ても高度経済成長を達成した二十世紀において、翻訳文化が大きな役割を果したことは確かです。

そうした日本の英語教育は、その時代には合っていたのですが、いまは違う時代に突入しています。インターネットで論文は世界に向けて発表され、学会は世界各地で開かれます。企業は多国籍化し、英語を使った業務が増え、そのスピードが重視されます。英語でメールを読んで、すぐに英語のメールを返さなければなりません。会議では、英語で相手を説得する力が社運を決めることもあります。

間違いなく、英語の四技能を用いたコミュニケーション能力が大切な時代になっていま す。そして一般の人たちに求められる英語力は、英語を言語として使いこなす力へと変わっているのです。英語教育もこのような時代のニーズに応じて変わっていかなければならないはずです。

文献研究型の教育では、教師が一方的に知識や技術を生徒に伝えていました。それには、教師の知識や技術が生徒より極めて高いことが前提でした。しかしこれからの四技能型の英語教育の現場では、技能によっては生徒のほうが教師より高い英語力を示す場合もあり得ます。四十人の生徒が前を向いて座り、先生の話をノートに取っているだけというマスプロ型の教育では対応できなくなってくるでしょう。

b 文科省「英語教育の在り方に関する有識者会議」での提言

一九七八（昭和五三）年までは、国公立大学も私立大学も、独自に入試を行なっていました。受験戦争は過熱し、出題が各大学に任されていたせいで難問や奇問が続出しました。そこで一定の基礎学力を測ることを目的に、一九七九年から共通一次試験が導入されます。当初は五教科七科目で、すべての国公立大学が一次試験として用い、私立大学は参加しませんでした。

共通一次は、高校での学習成果を正しく評価できた半面、大学の序列化を生み、受験戦争をさらに過熱させたと批判を浴びました。国立大学の一期校二期校という区別が廃止され、受験機会が一度だけになったことも問題とされました。

そこで、共通一次試験に代わって一九九〇（平成二）年から始まったのが、現在の大学入試センター試験です。大学ごとに利用する科目を選ぶことができ、二〇〇六年からは英語のリスニングテストも導入されました。現在はすべての国公立大学が第一次選抜に利用するほか、私立大学も参加して、学部定員の一部をセンター試験の結果だけで合否判定しています。

センター試験が始まった頃から、ＡＯ入試や推薦入試も盛んになりました。その枠が拡大するにつれ、学力不問で合格させるケースが増えたせいで、入学後の初年度教育や補習の必要が生じて問題になりました。

やがて知識偏重の弊害が説かれるようになり、「思考力・判断力・表現力」を重視した「主体的・対話的で深い学び」の実現を目指すため、前述したように「高大接続改革」の必要性が主張されるようになったのです。

内閣は二〇一三（平成二五）年に「教育再生実行会議」を組織し、英語に関しては当時の下村博文・文部科学大臣の下に「英語教育の在り方に関する有識者会議」（座長＝吉田研作・上智大学教授）が組織されました。私は、この有識者会議のメンバーでした。

さらに私は、有識者会議の中で「英語力の評価及び入試における外部試験活用に関する小委員会」の設置を提案し、それが実現しました。「英語力評価及び入学者選抜における英語の資格・検定試験の活用促進に関する連絡協議会」も設置されました。

実質的な議論は、有識者会議の本体から「協議会」へ引き継がれました。

2-6 大学入試が変われば、高校の授業も変わる

今回の入試改革が実行されると、高校や中学校の教育現場は大きく変わります。

学習指導要領はこれまでも、四技能のバランスの取れた指導を求めてきました。高校の英語には、「コミュニケーション英語」と「英語表現」というふたつの科目があります。コミュニケーション英語は、読んだ内容に基づいて、書いたり発言したり聞いたりする授業です。英語表現では、エッセイライティングやプレゼンテーションを学びます。しかし多くの高校では、コミュニケーション英語は読解の時間、英語表現は文法の時間になっています。そのほうが、今の大学入試に適合しているように思えるからです。

四技能を学んだほうが将来の役に立つことは明らかなのですが、なかなか理解してもらえません。「入試に出ないことを、なぜ勉強するんですか」という生徒や保護者からの声もあります。学校長や教頭が進学実績を気にして、スピーキングよりもテスト対策を重視するケースもあります。

課外授業や宿題で使用されているアイテムも生徒のレベルに合っていないことが多くな

っています。その理由は、大学入試に高いレベルのアイテムがたくさん出題され、それを使用した学校副教材も作られ、複雑で難解なレベルの英文が解釈できなければ大学に入れないという空気があるからです。

多くの進学校では、三年生の二学期あたりから、検定教科書よりも、受験の副教材を使った授業が多くなります。そのような副教材には、難解な入試問題がそのまま使用されています。そうやって、生徒のレベルからも学習指導要領からも乖離して、暗号解読のような授業になってしまうのです。

四技能試験が導入されると、読解部分で使用されるアイテムは、適切なレベルのものになります。これで、本来の読解練習ができるようになると思いますし、検定教科書との親和性が高まります。使用されるアイテムの性質やレベルが検定教科書に近くなるために、学校教育と入試の一貫性が高まるわけです。予備校や出版社などもCEFRに準じたアイテムのレベル調整が必要となり、副教材等のレベルが適正になっていくと考えられます。

大学受験の対策をやりたくて、高校の英語の先生になった人はあまりいないはずです。本物の英語教育をやりたいのに、周りのプレッシャーに押され、大学受験に合わせた指導をしなければならないことが多いのです。入試が一技能や二技能である限り、勇気をもって四技能を教えるのは困難です。多くの高校の先生たちの最大の悩みは、そこにあると思います。

ところが私は、ある有名大学の入試担当の教授に出題を改善するようにお願いしたとき、こんなことを言われました。

「確かに時代に合わせる必要はあると思いますが、大学が和訳や英訳の問題を出してきたから、地域の高校の先生もそれに合わせて指導されています。急に出題を変更すると、高校の現場は混乱し、対応できなくなるのではないですか」

これは余計な心配でしょう。学校が混乱しているそもそもの原因は、指導要領と入試問題の不一致なのです。

2-7 試験対策はなくならない

「いまは大学入試対策になっている高校の授業が、今度は英検対策やGTEC対策になってしまうのでは?」と心配する声があります。

check!

高校の英語授業も変わる

現在の高校の英語

本来は

コミュニケーション英語 ＝読んだ英文の内容について書いたり話したりする

英語表現 ＝エッセイライティングやプレゼンテーションを学ぶ

しかし実態は！

コミュニケーション英語 ＝読解

英語表現 ＝文法

入試に合わせている

（「大学入試に出ないことをなぜ勉強するんですか？」）
教材も入試に合わせて難解すぎるレベルのものを使っている

入試改革 ➡ 高校の授業も変わることができる！

残念ながら、この世に試験が存在する限り試験対策はなくならないと思います。だからこそ、波及効果まで考えて問題を作り、試験対策の質を、少しでも高いものに変えることが重要なのだと思います。

現在のセンター試験は、スピーキングやライティングの力を間接測定で問います。その対策として行なわれているのは、スピーキングやライティングの学習ではなく、間接測定に対応する演習です。しかし四技能試験の対策は、スピーキングそのものを練習しなければなりません。

例えば「あなたは高校でスマートフォンを使うことについて賛成ですか、反対ですか。ひとつもしくは二つ以上の理由をあげて論じなさい」というのが、スピーキングテストで出題される問題です。瞬時に論理を構成し、蓄積した語彙と文法知識から文章を作り、正確な発音とイントネーションを心がけながら発話しなければなりません。大事なのは、話の構造をARE＝Assertion（主張）、Reason（理由）、Evidence（証拠）で組み立てること。一回のテストで本物のスピーキングの力はわからないかもしれませんが、最低限の発話能力は測れるでしょう。

ライティングも同じです。アカデミックエッセイを書けるようになるためには、普段からアカデミックエッセイを書く以外にありません。これまで予備校や出版社が作ってきたマークシート式の対策とは、まるで違うのです。

スピーキングの能力は、スピーキングテストでしか測れません。リーディングの能力はリーディングテストでしか測れず、リスニングの能力はリスニングテストでしか、ライティングの能力はライティングテストでしか測れないのです。日本では書く力を整序問題で試そうとしたり、話す力を穴埋め問題で試そうとするから、受験英語という意図せぬ副産物が生まれ、受験テクニック主導型の学習が盛んなのです。

間接測定から発生する対策は良いものになりにくく、直接測定から発生する対策は、それほど悪いものにはならないと思います。良いテストに対して行なわれる対策は、良い教育になる可能性がより高いと考えられます。

2-8
過度な期待は禁物

英語を学ぶ上で、日本はＥＦＬの国に属します。“English as a foreign language” 英

語を外国語として学ぶ国のことです。フィリピンのような国は、ＥＳＬといいます。"English as a second language" 第二言語として英語が必要だから学ぶ国です。フィリピンにはタガログ語やビサヤ語などがありますが、互いに通じないので、共通語が必要なのです。

日常的に英語を使わないＥＦＬの国での勉強は、資格試験などのテストが学習目標になってしまいがちです。そこでよくある意見は、「四技能試験で点数取ったって、本物の英語は身につかないでしょ」というもの。それはある意味で本当です。受験生が英語にたちまち堪能になるわけではありません。四技能試験で測れるのは、英語を使いこなす土台ができているかどうかということです。アメリカへ留学して、大勢の人の前で喋れたり、ビジネスの会議でアメリカ人を論破したりできるのは、場数を踏まなければ身につかない、また別の能力です。

二〇二〇年度には、小学校三年生からの英語教育も始まります。と聞いて「そんなに早くから勉強するなら、ウチの子もネイティブみたいに英語がペラペラになりますね」と早合点する保護者の皆さんもいます。残念ながら、それだけではペラペラにはなりません。日本のようなＥＦＬの国だと、学校で十年勉強したくらいでは、ネイティブやＥＳＬの国の人たちになかなか追い付くことはできないのです。

有識者会議を受けて、「国は（今回の改革を通じて）アジアトップの英語力を目指す」と報じられました。望みを高く持つのは良いことですが、過度な期待は禁物です。他国の文化を理解したり、外国人と会話して気の利いたセリフを返したりする力は、テスト勉強だけでは身につかないものですから。

テストにできることと、場数を踏んで可能になることを混同してはいけません。現在、スピーキング力の平均値はほぼＡ１なのですから、一般の高校生の卒業時の達成目標はＡ２〜Ｂ１に置くのが現実的でしょう。

四技能試験で身につけられるのは、必要最小限の意見を述べたり書いたりする力です。それは、本物の英語を学ぶための最低ラインにすぎません。これは、現状と比較すると大進歩です。最低ラインの英語を身につけなければ、その先にある本物の英語は学べないからです。

片言でも自分の意見が言えてディスカッションができるなら、海外へ留学して、なんとか通用するレベルです。あとは現場で苦労しながら、即興性やさらなる発話力を磨いていくしかありません。日本では、まず四技能の最低限の力を身につけることが目標だと思います。

しかし、なるべく早く最低限の力を身につけてもらい、願わくば、高校時代から、どんどん世界へ出てもらいたいものです。そしていろいろな文化体験をしてほしい。四技能の学習は、コミュニケーションと異文化理解の能力を伸ばしていく土台作りにすぎないのです。

2-9 四技能試験はますます広がる

入試制度の改革が難しい大きな理由は、「いきなり変えると、志願者が減るのではないか。敬遠されてしまうのではないか」という大学側の心配にあります。四技能試験に変更する大学が大勢になれば、その心配は逆の方向に働く可能性があります。「ウチの大学だけ変えずにいると、志願者が減るのではないか。取り残されてしまうのではないか」というわけです。大学の先生たちや入試課の担当者と話をすると、志願者が増えるか減るかという問題が、現状の入試の形態を維持するか変革するかの大きな判断基準になっている切実な現実がよくわかります。

私立の個別試験や一部の国立の二次試験が四技能をすでに導入しているといっても、二〇一七年時点で、まだ全体の五％程度にすぎません。率先して四技能試験を取り入れた大学が優秀な学生の獲得に成功していることがデータで明らかになってきているので、この動きも大きくなることが期待できます。加えて、センター試験の英語が四技能試験に変わることは、非常に大きな意味をもちます。五十万人を超える受験生が、四技能試験を一気に主流に変えるからです。

四技能を勉強する受験生が主流になれば、各大学も何らかの形で民間検定試験の結果を活用するほうが、志願者獲得に有利になるのは当然です。従来型の入試にこだわり続ける大学は、かえって受験生から敬遠されていく可能性があります。これまでは、四技能試験の導入によって、志願者が減るかもしれないということが大学側に危惧されてきたわけですが、今後は四技能試験を活用できなければ志願者が減るかもしれないと考えられるようになるかもしれません。

第3章

LEARN

「四技能試験」完璧学習法

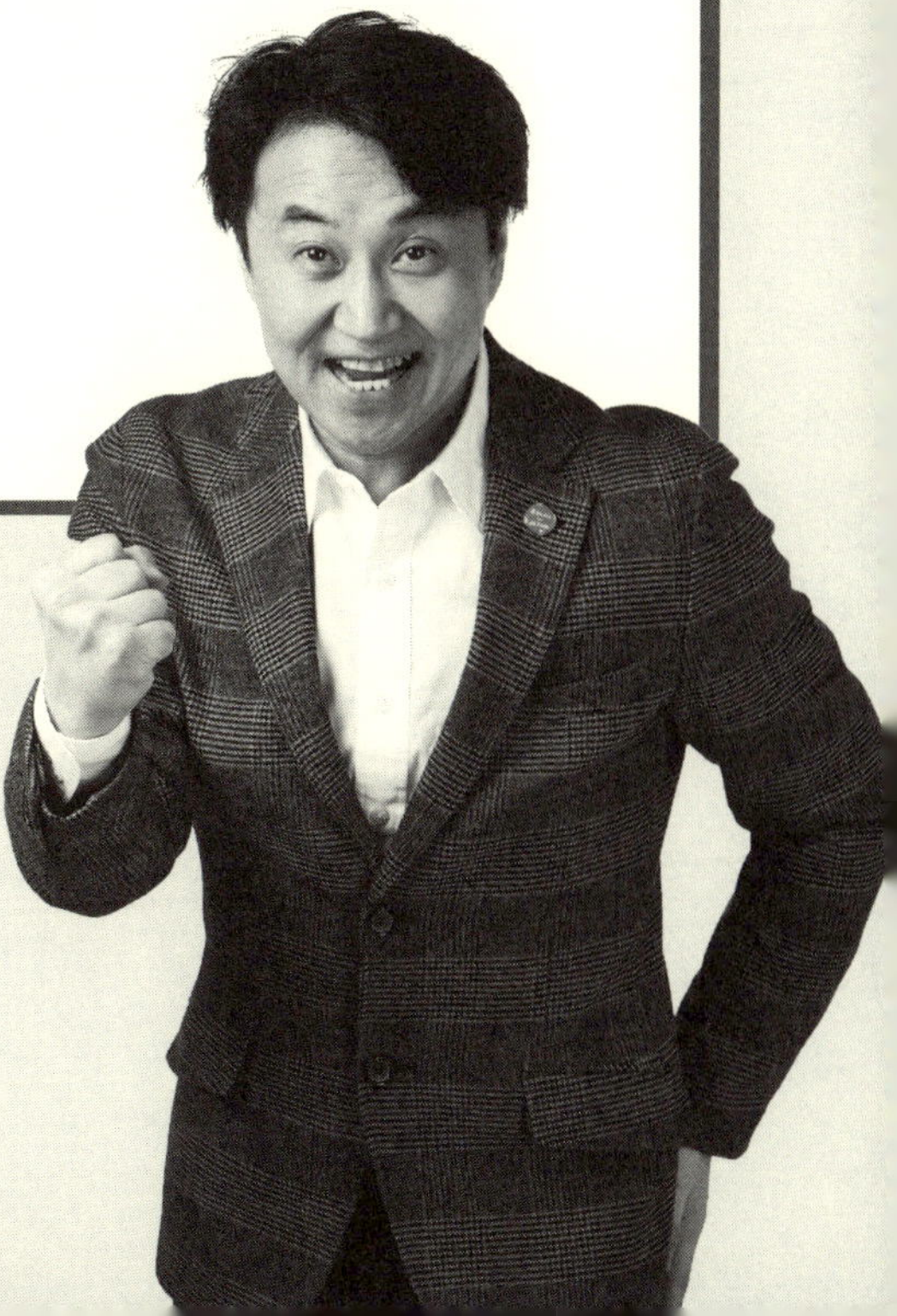

3-1 英語は楽器のように学ぶ

大学生を対象とした調査で、「高校生のときに民間の資格・検定試験を受けたことがある」と答えた人は約三七％に留まります（二〇一五年・文科省の委託調査）。しかし今後は大学受験での活用に伴い受験者は増えていくと考えられます。

そこでこの章では、新制度の大学入試で求められる、実用的な英語力を習得するための学習法を考えます。私自身が試行錯誤しながら英語を身につけた経験、また、予備校で教えてきた経験から得られた、様々な英語習得法を紹介していきます。

初めに英語学習の基本を述べてから、四技能ごとの習得法に移りましょう。

語学としての英語は、研究するための学問というよりは、スポーツや音楽と同じような実技科目だと、私は考えています。辞書をめくって単語の意味を調べたり、スペリングに注意しながら英文をノートに書き写したり、日本人の先生が日本語で教えるのを聞くだけでは、身につきません。

ピアノを弾けるようになりたいと思えば、本物の演奏を聴いてピアノの音色を知らなければなりません。楽譜を読むための知識も必要です。しかしどれほどショパンの名曲を聴き、音符や記号に詳しくなっても、自分の指で練習しない限り弾けるようにはなりません。英語も同じことなのです。

従来の日本の英語学習は、ピアノが弾けるようになりたいという夢の下に、楽譜ばかり研究しているようなものです。机の上にテキストを広げて、文法や構文の勉強に集中していたものの、耳や口が動く時間が少なすぎた。もちろん文法は大切です。しかし、それに没頭しすぎ、ピアノを弾かない楽譜評論家を生み出すための教育になっていたのかもしれません。

では、どうすればいいか。文法研究はほどほどにとどめて、練習を始めることです。アクティビティとプラクティス中心の英語学習に変えることが重要です。

プラクティスとは、体を使って覚え込むことです。ピアノなら、手と指が自動化され、意識しないままセオリー通り動くようにレッスンします。英語学習でいえば、考えなくても英文が自然に口から出てくることが、習得した状態に当たります。また、英語の場合は決められた曲を弾くだけではなく、即興で自分のメロディーを奏でるところまで行かなければなりません。これがアクティビティです。だからこそ、プラクティスとアクティビティが重要なのです。

英語を習得するためには、受動的に理解するだけではなく、反射力と動作力が重要です。頭の中にストックされた単語や文法に関する知識と理論の中から、必要なものを瞬時に抜き出し、文章として構成するのが反射力。それを自分の言葉として即興で口から発するのが動作力です。トータルの英語力は「知識・理論」×「反射力・動作力」で決まります。

反射力と動作力を身につけるには、英語を身体の中に入れたり出したりすることをたくさん体験しなければなりません。インプットとアウトプットです。インプットする活動にはリスニングとリーディングがあり、アウトプットの活動はスピーキングとライティングです。

具体的なプラクティスとして、インプットの学習は、リスニング・リピーティング・シャドーイングなど様々な音声活動があります。歌を歌うのもインプットの良い練習になります。アクティビティとしては、スピーキングに関しては、オンライン英会話や、二人組になって英語で自由に会話するペアワークやグループによるディスカッションやディベートなどがあります。

英語の四技能はバラバラに存在するモノではなく、家を支える四本の柱のように、お互いに支え合い、良い影響を与え合います。インプットとアウトプットのバランスを取りながら学ぶことで、四技能をバランスよく身につけることができるのです。例えば、英語でスピーチができるようになるためには、まず、ネタ探しに読んだり聞いたりし、インプットすることが必要です。また、スピーチ原稿を書いて推敲することもあるでしょう。スピーキングのために発音練習をすることはリスニングの力を高めることにもなります。また、自分自身が論理的な順番で話をする習慣が身につくと、読解時にも著者の言いたいことを把握するのが得意になるでしょう。

3-2 発音できる音は聞こえるようになる

英語の基礎を習得するには、とにかく音声訓練に尽きます。スピーキングの練習は当然のことながら、リーディング、リスニング、ライティングの基礎訓練をするときも、音を使うとよいでしょう。読みながら口を動かし、聴きながら口を動かし、書きながら口を動かすのです。

リスニングにおいても、正しい発音をまねて口を動かすことが大切です。自分が発音できない音は、なかなか聞き取ることができません。つまり発音を意識せず、ただ漫然と聞いているだけでは、リスニングの力はなかなか身につきません。

私はこのことを、自分の経験からも知りました。大学入学直後、私の英語力は典型的な高校卒業レベルでした。先生のジョークにまわりが笑うから合わせて笑い、宿題が出ても何をすればいいのかわからない有り様でした。そこで、クラスメートから勧められた米軍のラジオ放送FEN（現在のAFN）を聴き始めました。「英語のシャワーを浴びていれば、すぐに聞き取れるようになる」と信じたのです。ところが三カ月経っても、ラジオから流れてくる英語は雑音にしか聞こえません。わずかに、決まり文句の中の「パシフィック」という言葉がわかるだけ。

帰国子女の友達に「あれは何て言ってるの？」と訊いて、「Serving you while you serve in the Pacific.（太平洋地域で勤務していらっしゃる皆さんのために、私たちも奉仕しています）」と言っていることを教えてもらい、その発音をまねして練習しました。そのあとラジオに耳を傾けると、この一文だけはパーフェクトに聞き取れました。そうやって私は、わからない音を漠然と聞いているだけではダメだと知ったのです。「アメリカに三年住めば、誰だって英語がペラペラになる」などと言われるのは、まったくの幻想だと思います。場所を変えるよりもやり方を変えることが大切だと思います。

それから私は、わからない音はスクリプト（台本）と照合し、自分でも発音しながら聞く、という習慣をつけました。音声訓練によって発音を覚えた単語やフレーズは、聞き取れるようになっていきました。

リスニングができない理由は主に二つあります。一つは単語自体を知らない。例えばpsychology（心理学）という単語を知らなければ、psychologyという単語を聞き取ることは決してできません。もう一つは音を間違って発音しておぼえている。例えば、psychologyという単語を、間違って「プシコロジー」と読んでいたら、もちろん耳もその音を期待するわけです。そこですれ違いが起こって聞き取れないわけです。

英語学習の基礎部分は、音声訓練に充てるべきです。大切なのは、口を大きく動かして声をしっかり出すことです。ただし、やみくもに口を動かせばよいというわけではありません。音読は英語学習の世界で大ブームですが、英文を声に出して読み、練習する場合には以下の点に注意する必要があります。

①意味を理解しながら読む。
②ネイティブの音声モデルに近づくように、発音の矯正をしっかり行ないながら読む。

音声訓練の第一段階は、「スクリプトを見ながらのリピーティング（繰り返し）」です。動画やアプリなどのネイティブスピーカーによるリスニング用音声教材と、そのスクリプトを用意します。最初にスクリプトを読んで、知らない単語の意味は調べ、内容を把握しておきます。そのあとでスクリプトを見ながら同時に音声を聞き、ひとつのセンテンスごとに真似しながら音声訓練します。慣れてきたら、パラグラフ（意味のまとまり）ごとにリピーティングします。うまく読めるようになるまで、繰り返します。

第二段階は「スクリプトをみないリピーティング」です。音声だけ聞いてリピーティングを行ないます。初めはひとつのチャンク（かたまり）ごとに、慣れてきたら一文ごとに行ないます。これができるようになるには、単語の発音や文章の構造をしっかり理解しなくてはなりません。

3-3 話すときは間違いを恐れない

従来の英語学習では、単語をたくさん知っているか、冠詞のaとtheを正しく使い分けられるか、英訳や和訳を一語一句正確にできるか、ということが重視されました。テストでも、採点は減点法で、スペリングをひとつ間違えたら減点、文法問題で三単現のsがついていなかったら減点、というやり方でした。

四技能試験で問われるのは、英語を使いこなしてコミュニケーションを取ろうとする力です。難関大では、CEFRのB1からB2レベルが求められますが、これはノンネイティブとして、誤解を招かずに、なんとかコミュニケーションが取れるくらいの英語力です。C1やC2レベルが求められるわけではありません。そもそも日本人が普段使う日本語を考えてみても、誰だって知らない言葉はあるし、使い方を間違える場合もあります。ノンネイティブの英語に、完璧な正確さを求めることはできないでしょう。

リーディングテストにおいても、すべての文構造か完璧に分析できなくても、書かれている主要なメッセージを誤解せずに読み取る力や、パラグラフの中で重要なトピックを摑む力が問われます。スピーキングテストも、少し文法を間違えたからといって大きく減点されることはありません。

ライティングなら、多少のスペリングミスや文法のミスがあっても、言いたいことをしっかり伝わる英文で書けているか、という観点で評価されます。コンピューターのスペリングチェッカーやグラマーチェッカーに引っかかる程度のミスが何カ所かある分には、大きく減点されることはないでしょう。四技能試験では、細かい間違いをしないことよりも、自分の主張がしっかり論理立てて展開されているか、が大切です。

こうした考え方を、「フルエンシー（fluency＝流暢さ）ファースト、アキュラシー（accuracy＝正確さ）セカンド」と呼ぶことがあります。これまでの入試は、「アキュラシー・ファースト」でした。正確さこそ第一で、流暢さは後回し。試験が「フルエンシー・ファースト」になる今後は、英語学習のパラダイム（枠組み）が大きく変わり、勉強法も変わります。

いままでは構文解析型の英文読解や、スペリングを間違えないように単語を五回十回と書いて覚え込むような勉強が絶対視されることがありました。これからは、言いたいことを伝える技術を身につけることがとても重要になります。

まずは、どんどん書いてみて、どんどん喋ってみることが基本です。私は二十年以上も英語の講師をやっていますが、完璧な英語など書けないし、ネイティブと同じ発音ができるわけでもありません。それでも、スピーキングテストやライティングテストでは、厳しいＥＴＳやケンブリッジ英検の採点において、Ｃ１レベルのスコアや満点が出ています。四技能試験とは、そういうもので、実際に世界で使える英語かどうかということが評価されるのです。

3-4 文法――高校基礎までをマスターせよ

四技能試験には、文法のルールを問う問題はほとんど出ません。英検2級では、読解の三十八問中三問だけ。四技能全体での比率でいえば二％です。英検準1級やＴＥＡＰ、ＴＯＥＦＬ iＢＴ等では、文法問題は出題されません。

しかし出題されないからといって、勉強しなくていいわけではありません。主語や述語、形容詞や副詞がわからなければ英文は読めませんから、基礎英文法の重要性は変わらないのです。

とはいえ、滅多に見かけない例まで網羅しようとして作られている現在の受験英文法に比べれば、必要な文法は半分以下に限定され、なおかつ簡単になります。難しく、珍しい構文を覚えておく必要もなくなります。

これまでの文法は難解な英文を読解する際に必要なものやマニアックな文法問題を解くための知識を網羅していましたが、四技能試験で求められるのは、もっと汎用性の高いルールです。読む、聞く、話す、書くに当たって、現実に使うかどうかなのです。大学入試ラインとしては一番難しいと考えられる英検準1級のリーディングでも、語彙は高度ではありますが、必要な文法は高校基礎までに学ぶ基礎的な範囲におさまっています。

したがって勉強法も、難しい文法問題を解くような学び方から脱却しなければなりません。英文を作って書いたり、声に出して言ってみたり暗唱する、実用的なやり方に変えます。量をたくさんこなすよりも、基本に絞り込んだ文法を繰り返し、応用できるようにしておきます。

また、最初から全部網羅しようとするよりは、基本をマスターしたら、こういうことを言うためにはどんなルールを使うんだろう？　とその都度調べながら学んでいくのも良い

check!

英語学習の基本

英語は体育や音楽のような実技科目である！

「練習」を始めよう！

インプット ・・・・・・・・**聞く**（リスニング）、**読む**（リーディング）

アウトプット ・・・・・・**話す**（スピーキング）、**書く**（ライティング）

間違いを気にしない！完璧な正確さは必要ではない！
どんどん書いて、どんどん喋ろう！

文法学習

必要な文法は、**現在の受験英語の半分以下！**
現実に使われる汎用性の高いもので、高校基礎までに学ぶ範囲に収まっている。
基本に絞り込んだ文法を繰り返し学んで、
応用できるようにしておこう！

方法です。「学んでは使い、使っては直す」の精神です。身についた文法は、スピーキングやライティングで特に威力を発揮します。

3-5 語彙——四技能を意識して文例と一緒に覚える

四技能試験で重要になるのは、細かい文法よりもむしろボキャブラリーです。これまでの入試では、問題のレベルが上がるに従って英文が複雑化していく傾向がありました。しかし四技能試験では、文の構造はそれほど複雑化しない代わりに、語彙レベルが上がっていきます。語彙の習得に力を入れることが、これまで以上に重要なのです。

ライティングやスピーキングでは、トピックに対応するレベルのボキャブラリーが使われているかどうかという、語彙の幅が評価されます。評価においては、ロジック（論理）が重視されます。スペリングや発音の正確さも大切ではありますが、絶対視されるわけではありません。

難しい語彙になるほど、その単語だけ覚えても意味がわからずに使えない場合があります。昔の受験生は、頻出英単語集を手に「category ＝範疇、category ＝範疇」と暗唱して覚えたものです。しかし「範疇」という日本語の意味がよくわからない。それでは単語は身につきません。その単語がどんなふうに使われるのか、英語の例文の中で知り、例文ごと覚えることが大切です。

単語集は語彙をまとめて覚えるのに便利なツールですが、その例文を上手に使うべきです。だから、いろいろな単語集が出版されていますが、文例が付いているものを選ぶことが必要です。文例を読みながら使い方を覚えなければ、実際の読解では役に立たないからです。

注意すべきなのは、その単語の「コアミーニング」を覚えること。ひとつの単語が複数の意味をもつ場合、まずは、もっともよく使われる意味を覚えなければいけません。普通の単語集は、使われる頻度の高い意味から順に載せています。また、派生する様々な意味もやはりコアミーニングから派生したものです。辞書的な意味を全部丸暗記するのではなく、文脈から推測しながら、その単語がその文の中でどのように使われているのかを推測するような読み方をすることが重要です。

習得する語彙の種類は、四技能によって区別することが肝心です。難易度でいうと、リーディングテストで遭遇する語彙が一番難しく、リスニングで遭遇する語彙がその次。ライティング、そしてスピーキングと、覚えるべき語彙の難易度は下がっていきます。

しかしリーディングテストで遭遇する語彙は、難しいけれども、読んで意味がわかればそれですみます。リスニングで遭遇する語彙は、意味に加えて発音を聞いてわからなければいけません。ライティングで使う語彙は、書ける必要があります。スピーキングで使う語彙は、正しい発音と共にとっさに口から出てこなければいけません。

難易度のレベルが下がるにつれて、使いこなすためのハードルは上がっていくのです。リーディングとリスニングの「パッシブ（認識）語彙」は広くたくさん覚え、ライティングとスピーキングの「アクティブ（運用）語彙」は深く正しく覚える必要があります。

リーディングとリスニングのパッシブ語彙は、文例を、ネイティブの発音をまねて音読し、音声訓練をしながら、記憶するとよいでしょう。パッシブ語彙については、できるだけ英英辞典を使い、英語での定義を合わせて確認することです。

英英辞典は、使い慣れないかもしれません。最初はすでに知っている単語を引き、定義を読んでコアミーニングを確かめる癖をつけるといいでしょう。最近では電子書籍のKindleにあるように、難しい単語に英英辞典でのコアミーニングを自動表示するような便利な機能もあります。英語学習ではこのようなＩＣＴ技術（情報通信技術）を活用するのもよい考えだと思います。

アクティブ語彙は、文例やコロケーション（連結語句）と共に日本語→英語で記憶し、いつでも再生できるようにします。日本語を見たら、パッと英語が口から出るようにしておくことです。文例やコロケーションを覚えるかどうかの判断基準としては、話したり書いたりするときに使う可能性があるかどうかで判断するとよいでしょう。例えば、A whale is no more a fish than a horse is.（鯨が魚でないのは、馬が魚でないのと同様である）というような文例は、おそらく一生使うことはないでしょうから、アウトプットとしては特に覚える必要はないわけです。

語彙は四技能試験において非常に重要な部分ですから、しっかり習得しなければなりません。ただし、インプットのためのパッシブ語彙と、アウトプットに使うアクティブ語彙の区別をせず、ただリストを丸暗記する勉強はＮＧです。

3-6 リーディング――精読に加えて速読・多読を重視する

従来型入試のリーディングでは、英文和訳や細部の分析が非常に大きな要素でした。

四技能試験のリーディングは精読に加えて速読や多読も重視されるようになります。使われる語彙は、民間検定試験ごとに決めている測定可能範囲によって変わります。測定可能範囲はテストによってさまざまですが、それに即した語彙を使った問題が作成されます。

全般に、きちんと読めれば解けるように作られた出題です。現在の入試と、四技能試験で使われるアイテムを比較すると、四技能試験の方がアイテムの書き起こしから専門家が行なっているため、より学習者のレベルにあったものになっています。

使われる英語は簡単になるように思えますが、試験自体が簡単なわけではありません。難解な英語から現代英語に変わってアイテムが読みやすくなった分、受験者には論旨を速く正確に把握する能力が求められるようになります。「四技能化すれば読解の比率が四分の一になるから、読解力が下がる」という意見もよく耳にします。しかし私は反対に、適切なレベルのトレーニングをし、アウトプットで読解の内容を掘り起こすようにすることで、今よりも読解力は高くなると予測しています。

日本人が英語を読むときの悪いクセが、ふたつあります。

①英文を日本語に訳しながら理解する。
②英文を後ろから前に戻って理解する。

どちらも時間がかかり、グローバルに求められる英語の力には即していません。四技能試験に臨む際には、日本語をあまり介在させない読み方をすることが大事です。

①について言えば、「ｄｏｇ」という単語を見たり聞いたりしたとき、「犬」という日本語ではなく、犬のイメージを思い浮かべるはずです。簡単な単語ならそれが自然ですが、難しい単語やセンテンス、パラグラフについてもできるだけ同じように、頭の中で日本語に翻訳するプロセスなしに理解することです。これはよく「直読・直解」と呼ばれます。

②については、ふだんの学習で、前へ戻らないクセをつけることが大切です。「I know the boy / standing there.」という英文は簡単ですが、「私はあそこに立っている少年を知っている」というのは、日本語に並べ替えた読み方です。「私はあの少年を知っていて、

その少年はあそこに立っている」というのが、後ろから前へ戻らない理解の仕方です。これはリスニングの訓練としても有効で、聞いたままを理解できるようになるためには必須です。

日本語を介在させずに理解するには、音読などの音声訓練が効果的です。声に出しながら先へ読み進めれば、日本語をはさむヒマがないからです。

四技能のリーディングに必要な勉強法は、深く読み込む「精読」と、たくさん読む「多読」です。精読は、自分のレベルに応じたアイテムをしっかり音声訓練しながら、一〇〇％理解できるまで何度も繰り返して読みます。「直読・直解」の力を身につけるのに役立ちます。

多読のコツは、自分の実力より、英検の級にして1〜2レベルくらい易しいアイテムをどんどん読むことです。「調べない、覚えない、繰り返さない」を心がけながら、楽しく読みます。ここで大切なのは「走り読み」すること。英文を左から右へ、日本語の文章を読むかのごとくスラスラと読み、おおざっぱな意味を摑みながら、そのアイテムの中のトピックをとらえて行きます。これができるためには、英文のレベルを下げる必要があります。

国語の学習で、長文を読んで論理的な展開を頭の中で要約し、ストーリーをとらえていくのと似ています。このように、精読と多読を上手く組み合わせながら続けていくと、総合的な読解の力が養われます。

また、読解力を高めるために欠かせないのが語彙力の増強です。知らない単語は推測して読むことができるものの、あまりにも知らない単語が多すぎるとそれも無理です。だから語彙は多いに越したことはありません。

実は、私が初めて民間検定試験に挑戦したのは大学一年生のときで、無謀にも英検の1級でした。語彙を増やすきっかけにしたいと思ったのが動機ですが、結果は見事に不合格でした。もっと大量の語彙がなければ受からないと悟り、三年生の終わりから半年で大量の語彙をマスターして再挑戦。なんとか一次試験に合格しましたが、二次試験で不合格。次回のチャンスで、なんとか二次も突破できて、大学在学中に1級に合格することができました。

その際に気をつけたのは、文例の中で語彙を習得するということです。一語一訳でおぼえている単語を文章の中で読み違えることが多かったからです。その当時は電子ツールのような便利なものはありませんから、大量の情報カードを使って単語を暗記しました。その情報カードには、表に単語、裏に英語の定義と例文を書き込み、電車の中で例文を読んだり、休み時間に例文を音読したりして覚えました。

3-7 リスニング――精聴と多聴を使い分ける

四技能試験のリスニングにも、極端に複雑な英文は出てきません。キャンパスや日常生活での英会話や講義の内容を聞き取れれば、解けるような出題です。

リーディングの項で述べた、英文を極力日本語に訳さない習慣、後ろから前へ戻らずに理解する習慣は、リスニングにおいてはさらに大切です。書かれた英文を読み直すことはできても、リスニングテストの本番で出題を聴き直すことはできないからです。

勉強法はリーディングと同じで、一〇〇%の理解を心がける「精聴」と、スキャニングを重視して大枠を摑む「多聴」です。

精聴の初歩では、「ディクテーション（書き取り）」というトレーニングが効果的です。これは英文を聴いて、聞き取れた通りに書き写していく学習法です。音と文字を一致させることが大切なので、スクリプトのついている音声教材を用意します。七～八割聞き取れそうなレベルのものが、進めやすいと思います。

一度聴いただけで、すべて書き取ることは不可能でしょう。音声を途中で止めたり繰り返したりして聴きながら、書き取ります。スペリングのわからない言葉は、仮にカタカナでもかまいません。おそらく何度聴いても、わからない言葉はわからないままのはず。そこでスクリプトと照合し、聞き取れなかった部分には赤字で正解を書き込んでいきます。

すると、英語特有の音声表現の法則に気づくはずです。たとえば「リエゾン（連声）」は、子音で終わる単語と母音で始まる単語が連続するときの発音で、「tell us」が「テラス」と聞こえること。「同化」は、yで始まる単語がその前の単語の語尾の子音と合わさって別の音になり、「would you」が「ウッジュー」と聞こえることです。こうした発音の変化には様々なパターンがありますが、ディクテーションと発音の練習を続ければ、このような音の連なりが聞き分けられるようになります。

ディクテーションでスクリプトと自分の解答を照合した後は、正しい発音でそのスクリプトを発音する訓練を徹底してください。先に述べたように、発音の訓練をすることで聞き取る能力が高まっていきます。

また、知らない言葉や表現も聞き取ることはできません。リスニング力不足の一因は、ボキャブラリー不足です。リスニング力を上げるには、聞いてわかる単語や表現の語彙を増やす必要があるわけです。

さて、多聴です。多聴の教材は英語の歌でもいいし、映画やドラマなら、セリフが全部聞き取れなくてもストーリー展開が読めるようなものがいいでしょう。スキャニングやスキミングの力を身につけることができます。

リーディングで精読と多読の両方が必要なのと同じように、精聴と多聴も合わせて練習してください。初学者の学習では精読と精聴がメインになり、レベルが上がるに従って多読と多聴の役割が大きくなります。初めから細かい部分を無視して多読と多聴だけやっても、リーディングやリスニングの力は伸び悩むことになるかもしれません。リーディングとリスニングが同時に伸びていくような、精読と多読、精聴と多聴のスパイラルを作っていくことが大切です。

check!

語彙学習

その単語のコア・ミーニングを覚えよう！
パッシブ語彙（読んだり聞いたりして分かるもの）と、
アクティブ語彙（書いたり発音したりできるもの）に
分けて習得することが重要。

リーディング学習

多読
とにかくたくさん英語を読む。自分の実力より少し下の英文を、
「調べず、覚えず、繰り返さず」で楽しく読む。

精読
自分のレベルに合わせた構文と意味を理解した英文を何度も音読して、
日本語に訳さず英語で100パーセント意味がわかるようにする。

リスニング学習

何度も聞いて、100パーセント分かるようにする精聴と、
大枠をつかむ多聴学習を平行して行なう。

精聴
ディクテーション（書き取り）が効果的。書き取ったものと
スクリプトを照合して、正しい発音で音読すれば
発音の力と聴解の力を同時に伸ばせる。

多聴
英語の歌や映画やドラマで大まかに意味を聞き取る練習をする。

3-8 ライティング――最初は間違えてもいいからたくさん書く

いままでのライティングテストでは、「下線が引いてある日本語を英語に訳しなさい」という問題がたくさん出されました。四技能試験ではそのような日本語を使った出題はありません。テスト内で日本語は基本的に使用されないからです。大学受験生がやがて外国へ留学したり海外を相手にビジネスをするとき、最初から英語で書くのが当然で、日本語で書いてから英語に翻訳する手順は踏まないのが普通です。

最初から英語で書く。それもクリエイティブライティング、つまり自分の言いたいことを英語で出力する力こそ、四技能試験で求められる力です。翻訳の技術ではなく、クリエイティブライティングの習慣を早くから身につけることが大切です。

ライティングの学習は、とにかくたくさん書くことです。昔の日本の英語教育では、間違った英文を書いてはいけないと指導されていました。以前は私もそう考えていました。

間違った英語が定着してしまうのではないかという恐れがあったからです。しかし、四技能試験に関して生徒を指導するにつれ、考え方が変わりました。何よりも、書く習慣をつけることが最優先です。最初は間違いがあっても、かまいません。最初はむちゃくちゃな英語で書いている生徒でも、書く習慣がついてくると、もっと正しく書きたいという要求が強くなり、添削した英文を良く見直して学ぶようになっていくのです。

書くこと自体が苦でなくなれば、「もう少しちゃんとした英語で書きたいな」と思うようになります。そこからが次の段階。添削を受けたり、文法の例文を暗唱したりしながら覚えていきます。基本の文法を覚えれば、応用して自分の言いたいことが表現できるようになり、書くことが楽しくなります。修正すべき点や論理立てて書くコツさえ覚えれば、ライティング能力は向上します。これが「fluency first, accuracy second」の考え方です。

東進ハイスクールが夏休みに行なっている五日間の合宿では、最後に二十分かけて英作文を書いてもらいます。あるときのテーマは「未来の自分に対するメッセージ」でした。私は「間違ってもいいから、とにかくたくさん書いてね」と指示します。和英辞典は使わず、下書きもしません。それでも、用紙の裏までびっしり書いてくる生徒がたくさんいます。

読んでみると、メチャクチャな英語も目立ちます。しかし、正しい英文を書こうと思って二十分かけて三行しか書けない人と、内容がデタラメでも裏まで埋めつくす人。三カ月後、どちらが優《まさ》っているかは歴然としています。書いた端から「ここは文法が違う。こっちはスペリングが違う」と間違いばかり指摘されたら、言いたいことが何も書けなくなり、三行で終わる作文になってしまうでしょう。

英語は音楽やスポーツと同じです。野球をやるとき、バットやボールに触ることなくルールばかり教えられたら、誰だって嫌になります。とりあえずやってみて、たくさんミスをしながらどろんこになって、少しずつ自信をつけることが、上達の一番の早道です。

四技能試験のライティングテストでは、どういうポイントが評価されるのかというルーブリックを反映した評価ポイントがあらかじめ開示されています。目指すＣＡＮ‐ＤＯリストや採点の基準が公開されるわけです。だから、まずは受験する試験のウェブサイトを訪れ、どのような力が評価されるのかを確認しておくことをオススメします。そうすれば、普段の勉強で何に気をつけて勉強すれば、結果的に点数をとれるようになるのかがよくわかると思います。

さて、それではどのような順番でエッセイを書けばよいのでしょうか？　まず、与えられたテーマについて自分は賛成するか反対するか。主張を明らかにし、次に理由を述べる。そこで言いっぱなしではなく、理由を裏付ける事例をつける。アサーション(Assertion)、リーズン(Reason)、エビデンス(Evidence)、すなわち「ARE」のモデルに従って書くことが大切です。もちろん、長いエッセイになると理由を増やしたり具体例を膨らませたりし、パラグラフを増やしていきます。

例えば、最初のパラグラフで主張をし、理由が三つあることを述べる。そして、次のパラグラフでThe first reason is...と理由を述べ、事例を展開する。更に次のパラグラフではAnother reason is...と二番目の理由を述べ、事例を展開する。そして、Finally...と最後の理由と事例を述べます。最終パラグラフでは主張をもう一度言い換えて述べ、将来の展望などを少し書き足して終わるとよいでしょう。

では、個別の英文が書けるようになるには、どうすればよいでしょうか? ライティング力をアップさせるには、二つの秘訣があります。

①頭の中に浮かんだ日本語をシンプリファイ(単純化)するスキルを高める。

日本人である以上、すべてを最初から英語で思い浮かべるのは難しいと思います。私もそうです。簡単な内容は英語で浮かびますが、難しい概念になるとどうしても最初に日本語が浮かびます。だから、瞬時に日本語を英語に変えなければならない。でも、どんなに英語の語彙を増やしても、母語である日本語の語彙数に追いつくのは無理です。つまり、頭に浮かんだ日本語の言い回しを忠実に英語で表現することは難しいことが多いのです。そこで必要なのは、思い浮かんだ難しい日本語を簡単な日本語に置き換えることです。

②英語のシンプルパターンを増やす。

言いたい内容を、身につけた英語の文法や構文にパラフレーズ（言い換え）します。たとえば「～したい＝I'd like to～」というようなシンプルパターンを何百個か覚えておけば、「～」の部分を入れ替えるだけで応用ができます。パターンのレベルは、まずは、高校基礎程度まででで良いでしょう。また、スピーチでよく使う型、ディベートでよく使う型など用途に応じてインプットしておくのもよいでしょう。

例えば、「～させていただきたい」「～したいと存じます」「試しに～してみたい」「～の体験を希望します」「～をやらせていただきます」などの日本語が浮かんでも、I'd like toで言ってしまうのです。ライティングは文学作品の翻訳とは違いますから、まずは言いたいことを、誤解なくしっかり伝えることができれば良いのです。

3-9 スピーキング――まずしゃべってみることが、上達の早道

四技能試験のスピーキングで問われるのは、他愛ない言葉をやり取りするおしゃべり英会話だけではありません。主に論理的な話をするスピーチ力です。「Yes, I do.」だけでなく、「Yes, I do. It's because～」あるいは「For example～」と続けて、自分の意見を組み立てて話す力が試されるのです。ライティングと同じように、Assertion、Reason、Evidenceという「ARE」の論理構造に従って、スピーチを作ることが大切です。与えられたタスクをこなしているか、内容に説得力があるか、語彙の幅は十分かなどの観点が重要視されます。

論理的な内容の組み立てと共に必要なのが、発音やイントネーションを磨くことです。もちろん、完璧な発音が求められるわけではないのですが、発音が良いにこしたことはありませんし、発音が原因でミスコミュニケーションが起こるようだとマイナスになります。

そこで、私が勧めている学習法は、徹底的にネイティブスピーカーの真似をする「複写

練習」です。やり方には、簡単なほうから「リピーティング」「オーバーラッピング」「シャドーイング」があります。最近では、ネイティブスピーカーの音声をリピートした後に、音声認識技術を使って、発音やイントネーションのネイティブ音声との近似性を採点評価してくれる便利なアプリもあります。スマートフォンの音声コマンドも練習に使えます。

テキストを使ってやるリピーティングは、教材の音声を聴き終えたあとに、繰り返して音声訓練します。教材の再生に合わせて、テキストを見ながら一緒に音声訓練するのが、オーバーラッピング。音声の一拍あとから音声訓練するのが、シャドーイングです。リピーティングは、まずテキストを見て、次に見ないでやってみましょう。オーバーラッピングはテキストを見ながら行ない、シャドーイングはテキストを見ないで行ないます。それらを行なう際に意味を考えながらやることを忘れないようにしましょう。

日本人の多くは、自分の英語が通じないのは単語の発音が悪いからだと考えがちです。しかしもうひとつ問題なのは、文章全体のイントネーションです。オーバーラッピングをやってみると、ネイティブスピーカーがどの単語も同じ強さや速さで読むわけではないことがよくわかります。何を伝えたいかによって、文章のイントネーションは変わるのです。

例えば、内容語や新情報は比較的強く読まれ、機能語や旧情報は比較的弱く読まれます。

check!

ライティング学習

最初は間違ってもよいので、とにかくたくさん書く！

試験で出るエッセイライティングでは、AREの構造を理解しよう！

個別の英文を書くために、

- **頭に浮かんだ日本語を単純化させるスキルを高める**
- **英語のシンプルパターンを増やす**

スピーキング学習

とにかくたくさんしゃべる！

発音は動画やアプリなどを活用して、
録音されたネイティブ音声を徹底的に真似しよう。
オンライン英会話などを通じて、
様々な国の人と英語を話す経験も貴重だ。

その点も意識して練習することが重要です。

シャドーイングは難しい訓練なので、できなくても落ち込むことはありません。私自身は、シャドーイングの練習を行なうとき、自分の声がじゃまになるので、密閉型のヘッドフォンを使っています。テキストを見ず、耳から入るネイティブの音声だけを聴いて正確に発音する練習は高度ですが、イントネーションの向上に大きな効果があるといわれています。

スピーキングの練習では、しゃべる人の発話数を数える「ワードカウンター」という学習ツールが便利です。ペアを作って一人がしゃべり、もう一人は「一分間で五十ワード」などとカウントします。このようにして、fluencyを高める目標をつくることができるわけです。将来的には発話したワード数をカウントするアプリも出現すると思います。

このように、目標ワード数を設定すると、ライティングと同様、たくさん話せるようになるに従って「もっと上手にしゃべりたい」と思うものです。そこから発音を直したり、文法の修正をしていけばいいのです。最初から「正しくしゃべりなさい」と指示されてしまうと、「えーっと」と言ったまま黙ってしまいがちです。外国人なのだから間違えるのは当然だと、開き直ってまずはどんどんしゃべることこそ大切です。

論理的に書いたり話したりし、自分で発信ができるようになれば、当然リスニングやリーディングのモチベーションも高まっていきます。英語の形に慣れて、相手が発する言葉の順番を摑みやすくなるからです。四技能は、そうやって相乗的にバランス良く身につけるのがよいのです。

3-10 四技能という選択

私が数年前から主張してきたのは、「大学入試が二技能試験のままでも、中学生や高校生には四技能を教えるべきだ。四技能を融合して勉強すれば、二技能においても勝てるからだ」ということでした。でも、その主張はほとんどの関係者に無視されてしまいました。やはり入試が二技能のままでは、いくら主張しても、多くの人は二技能中心の指導を変えませんでした。出題されないスピーキングやライティングの勉強は、どうしても遠回りに思えてしまうからです。

四技能をバランスよく学んだほうが、一技能や二技能の入試でも高い学力を発揮する可能性を示す数字があります。前述したように、早稲田大学の文学部と文化構想学部が、大きな定員の枠を作って四技能入試を始めました。その結果、四技能を選んだ受験生の合格率は、一般入試の受験生の六倍になりました。それだけ優秀だったということです。

もうひとつ、注目すべき点があります。それは、四技能を選んだ受験生のほうが、英語以外の科目の成績も優れていたということです。

早い時期に四技能試験を受けて英語の得点を確保できたせいで、ほかの科目の勉強に時間を振り分けることが可能だったから、という推測もできます。

また、四技能を選択した受験生は、そのほうが受験の二技能も伸びるという根本的な原理がわかった上で、四技能を選択したとも考えられます。もっと踏み込んでいえば、受験が二技能だからといって、二技能の英語を甘んじて勉強するより、将来も役に立つ四技能をしっかり身につけて本質的な英語力を高めようと考えたのではないか、そんな推論もできます。

大局的にそう考えられる人は、そもそも賢かったのではないでしょうか。その選択を支持した先生や保護者も、英語の本質がよくわかっていたのではないかと思います。

もちろんこれらは単なる推論に過ぎませんが、実際に私がいろいろな大学へ行って英語を教える中でも、四技能の民間検定試験を利用して入学してきた学生は比較的優秀であることを感じます。英語力そのものが高いし、発言も多く、とても積極的です。

第4章

PRACTICE

麴町学園女子中学・高校での取り組み

4-1 四技能試験に対応できる学校とは？

高校の入学案内のパンフレットを見ると、どこも「グローバル時代の教育」とか「四技能試験対策」とか「新テスト対応カリキュラム」を謳い文句にしています。では何をやっているのかとよく読んでみれば、「海外へ語学研修旅行に行きます」「ネイティブスピーカーの先生がいます」「タブレット端末を配っています」「オンライン英会話をやっています」と、カッコいいことが並べてあります。でも、一番大事なのは、週に何時間も日本人の先生がやっている、普段の英語の授業です。これがグローバルであることが何よりも大事だと思います。

簡単なチェックの仕方があります。授業を見学に行って、先生のしゃべっている時間が生徒の言語活動の時間よりあまりにも長い学校には問題があると思います。先生がずっと英語や日本語でしゃべっていて、生徒の口は全然動いていない。退屈そうにしている。そんな知識伝達型から抜けきれていない学校は、どれほどパンフレットに素晴らしい内容が書いてあっても、四技能時代には対応できないでしょう。また、先生の発話言語がすべて日本語だったら、相当に厳しいと言わざるを得ませんし、受験参考書を副教材に使い、入試問題を題材にした宿題を出しまくっている学校にも問題があると思います。

可能であれば、中間テストや期末テストの問題用紙のコピーをもらってください。定期テストで日本語を使いまくっていたり、「訳せ」とか「説明せよ」という問題ばかり出している学校にも問題があります。定期テストの問題を入手するのが難しければ、入学試験の問題を調べましょう。入学試験はその学校の主要な先生が作るものですから、英語教育に対する学校の考え方が表れます。補講の内容や研修の内容もできればチェックしましょう。

日本人の英語の先生が普段やっている英語の授業が、四技能試験に対応できる内容になっているか。教材やテストの改革、授業の改革ができているかどうかが肝心なのです。

私自身の三十五年ほど前の、進学校での経験を述べさせていただくと、中学・高校では、英語を実際に話したり使うための指導はほぼ存在していませんでした。ひたすら日本人の先生が英文を解説し、和訳しているのを聞き、睡魔と戦いながらノートをとる。朝早くから呼び出されて、入試問題の日本語解説を聞かされる。三年生になると、過去の入試問題を使った授業がさらに増える。夏休みも日本語の解説をひたすら聞かされ、入試問題の宿題を解く。六年間の英語教育の中で、先生が英語を話している姿をほとんど見ることはありませんでした。

それから三十五年が経ち、指導要領でも、四技能の学習の重要性が謳われ、言語活動や、先生が英語を話す姿を見せることが大切だと言われるようにはなっています。しかし多くの進学校で、特に三年生の教室では、まだまだ三十五年前の風景がそのまま残っているのです。

いま私は、年間に五十回くらい、全国の高校や教育委員会にお邪魔して、四技能言語活動中心型英語授業の実践方法を先生たちと共有しあう仕事をしています。そうした研修の機会を設けると、「これまでやってきた知識伝達型の授業から活動中心型授業に変えろと言われても、どうしていいかわからない」と戸惑う先生たちも多いことがわかります。大学入学共通テスト一期生が入学してくる二〇一八年度には、高校側も変わらなければいけません。更にその四年後には四技能試験への全面移行にも対応しなければなりません。

そこで、私が英語科の特別顧問としてかかわっている、東京の私立麴町学園女子中学・

高校の教育内容を紹介いたします。私はこの学校での実践例を、日本全国の英語の先生たちにシェアして、役立てていただきたいと思っています。うまく教えることができるようになった先生が、別の学校の先生にそのやり方をシェアし、波及効果が広がっていくことが願いです。

映画のタイトルにもなった「Pay it forward」という言葉があります。「人から人へと伝えていこう」という意味です。誰かから活動型英語授業のやり方を学んだら、ほかの先生に伝えていく。それが繰り返されていけば、現場の英語教育は大きく変わっていくと思います。もちろん、ここでの改革はまだ始まったばかりで、すべてがうまくいっているわけではありませんが、試行錯誤を続けながらどのように学校改革を進めているのかをシェアさせていただきます。

4-2 「アクティブイングリッシュ」二年間の成果

いろいろな高校を回って講演したり先生たちの研修をやっても、一回くらいではなかななか変わらないのが現実です。「よく理解できました。やってみます」と言われて一年後に楽しみに行ってみたら元通り、という経験が何度もあって、私はフラストレーションを溜めこんでいました。どこか小さな学校の英語教育をじっくりと改革して、そのモデルを全国の学校に示すような仕事がしたいと考えていました。

たまたま上智大学の同窓会があり、麹町学園で教鞭を執っていた旧友にそんな話をしたところ、校長先生を紹介されました。お話ししてみると、「アクティブイングリッシュ＝英語が大好きになる学園！」と名付けた大改革を実行するということでした。キーワードは「学ぶ英語から、使える英語へ」だといいます。掛け声だけでなく本気で改革に取り組む熱意が感じられ、二〇一六年春から英語科の特別顧問としてかかわることを決めたのです。

一九〇五（明治三十八）年創立の麹町学園は、中学校と高校を併設している私立の女子校です。生徒数は中学校が九クラスで百八十五名、高校は十三クラスで三百名です（二〇一七年度）。

四技能を指導の中核に据えると決め、英検やＧＴＥＣなどの四技能試験を生徒の英語力のアセスメントに使うこととしました。予備校の模試も受けますが、英語に関しては、あまり重視しないことに決めました。

進学校なので、大学入試のプレッシャーがあります。生徒や保護者には相当な不安もありましたが、全校生徒や保護者の前で発表し、学園として大きく舵を切ったのです。

私もできる限り学校へ足を運び、先生たちの活動型英語授業をサポートしてきました。ペアティーチングで教室に入ったり、全校生徒向けもしくは学年向けの講演会で英語の指導をしました。

成果は徐々に現れています。たとえば高校三年生の英検準2級以上の合格率は、全国平均で三六・四%です。麴町学園では受験した生徒の八九%が準2級ないし2級に合格しました（二〇一七年度）。

また、合格率だけでなく、英検取得率自体も向上しました。改革直後の二〇一五年度は全高校在籍生の英検準2級と2級の取得率は約五一%でした。これが二年後の二〇一七年には、約七〇%となりました。本校の入学時のレベルを考えると大きな成果だと思います。

さらに、高三生での2級取得者は、二〇一五年度には全高三生の一〇%であったのに対し、二〇一七年には、在籍九十七名中三十六名が2級を取得しており、三七%となりました。

GTECの成績も大幅に上がり、英語を得意とする生徒が明らかに増えてきたことを感じます。先生が教える授業から生徒が活動するスタイルに変わり、「授業が楽しくなった」という感想がたくさん寄せられています。

4-3 改革の五つの目標

「アクティブイングリッシュ」と名付けた改革のポイントは、五つあります。

①音声教育の徹底。

活動型英語教育には、音声活動が必須です。授業以外でも、中学一年から高校三年までの全学年が「朝の英語音声活動」を行なっています。朝読書を取り入れている学校はたくさんありますが、全校生徒が毎日参加する英語による「朝の音声活動」は日本で初めての取り組みだそうです。

②指導と評価の一体化。

定期テストやアセスメント全体の見直しです。定期テストは、独自に開発した四技能の「ＫＥＰＴ（Kojimachi English Proficiency Test）」に変えました。このテストでは、学校で使用している教科書の内容をベースとして、英検やＧＴＥＣに近い出題としています。

③チームティーチング。

それぞれの先生が個別に指導を進めるのではなく、英語科全員でチームとして教える方針を立てました。週に一回程度、勤務時間内に研修を行ない、授業のデータを共有することで、指導法をお互いにシェアしています。

④ＩＣＴ（情報通信技術）のフル活用。

ネイティブの音声がついていない教材は、原則として使いません。全教室へのプロジェクターの設置、オンライン英会話の実施など、最新のテクノロジーを駆使した英語教育を行なっています。①の音声教育の徹底と連動した、活動型英語授業の実践です。

⑤モチベーションを上げる体験の提供。

英語学習にはモチベーションが重要なので、生徒が英語に興味を抱く機会をたくさん用意しました。

高校生を対象に、山梨県の西湖で二泊三日の「Enjoy English Camp（英語合宿）」。中学一年生を対象にした、英語による落語発表会。校内英語村「i Lounge」にはネイティブの先生が常駐していて、英語しか使えません。英語のカラオケも歌えます。そのほか、ニュージーランドでの英語研修などもやっています。ことあるごとに、何のために英語を勉強するのかを認識させ、学校全体で英語を楽しく勉強する空気を醸成しています。

4-4 先生の役割は？ 英語ができるフリをしないこと

学園全体で、英語を教えるということは何なのかを再定義しました。昭和の時代には、英語の授業は、黒板に英文を書き、SVOCやカッコをつけながら、日本人の先生が日本語で解説をして訳していく。生徒は授業前に意味調べをして、ノート作りをし、授業中には、静かに先生の板書を書き写す。こんなスタイルでした。これが果たしてあるべき英語の教育なのかと疑問をなげかけました。

麹町学園では、教師の口ではなく、生徒の頭と口が動くことを全教員の目標としました。授業の中心だったリーディングをある程度終えたら、スピーキングとライティングの活動に移るシステムを、学校として目指しています。授業は統一された目標に沿って進められるので、知識伝達型だけの授業はほとんどなくなりました。

英語科の先生は約十名です。何回も研修を重ね、授業をビデオに撮ってみんなでコメントし合うなどして、英語科全体で活動型の授業方法が共有される体制を作りました。なんとなく遠慮し合って仕組みを変えられなかったところへ、私のような部外者が入ってきたから、全員で腹をくくる助けになったのかもしれません。

麴町学園の英語科では、どの先生のどの授業にも、後ろのドアを開けて自由に入れる体制を作りました。私もいろいろな先生の授業に勝手に入って、後ろから見学しています。生徒もそれほど動揺しませんから、ありのままの様子を見ることができます。

やはり、指導がうまくいっているクラスとそうでないクラスがあります。大切なことは、ある先生やあるクラスが問題を抱えていたら、英語科全員の問題と認識して全教員で解決していくことです。決して一人だけに押し付けないことが、本当のチームティーチングだと思います。

教材の利用についても、ワークシートやスライドを先生全員が同じドライブで共有しています。教科書は毎年同じですから、今年三年生を教えた先生が来年の三年生を教える先生にワークシートやスライドのデータを渡せば、仕事の手助けになります。省ける作業に時間を使いすぎないように、教授法やデータを共有する仕組みを作りました。一部の先生同士でやっている学校はありますが、これも学校が主導してやるべきことだと思います。

麹町学園では、どの学年のどの教室に入っても、うまくいっているいないは別として、先生がひたすら喋り続けて、生徒が静かに聞いている授業はありません。生徒が中心になって、英語をたくさん耳から入れて口から出す活動型の授業になっています。


四技能の授業で大切なのは、先生が率先して活動する姿を見せることです。私たちは英語教師とはいえ、ノンネイティブスピーカーです。文法も発音もアメリカ人ほど上手いはずはなく、間違いをいくらでも犯すのが日本の英語の先生です。学力としては、英検準1級くらいが標準的なレベルでしょう。

そんな英語の先生の役割は何かというと、率先して間違いを犯し、そこから学ぶ姿を生徒に見せることです。英語ができるフリをしないことこそ、肝心。昔の英語教育では「先生は英語ができるんだ。君たちに教えてあげるよ」という姿勢でしたが、教師の役割も再定義しなければいけません。もちろん、ＩＣＴを使ってネイティブの正しい英語にたくさん触れることを並行しなければなりませんが……。

「教師は正しくなければいけない」と思っている英語の先生はいまでも多く、それが枷となって生徒の前で英語を一切しゃべらない授業もあります。少なくとも麹町学園の先生たちの多くは、生徒と共に学んでいます。「先生も間違うから、fluency first. でいこうよ」と率先すれば、生徒は安心してどんどんしゃべり始めます。

私たち英語教師は、音楽や体育や美術の先生に近い存在です。たとえば野球のコーチは、速球やカーブの投げ方を教えるのが仕事ですが、自分では投げられないかもしれません。英語にも、そういう面があります。発音やスピーチなどは若い生徒達の方がはるかにうまくなったりします。しかし、適切なコーチングプログラムや練習プログラムは、生徒には作れないのです。

部活ならコーチの役割を、英語の先生は果たします。そして、教わる生徒がコーチより上手になるのは、よくあることです。

英語の先生は喋り屋ではなく、喋らせ屋だと思います。だから、発話の敷居を下げるマインドの設定は、英語の先生にとってとても大切な仕事です。まずは、生徒の前で自分が英語を楽しんで話している姿を見せることが何よりも重要です。先生が「間違いを恐れずに話しましょう」と言いながら間違いを恐れて話さなければ、説得力がありません。

4-5 教科書のレベルを合わせ、全文和訳・解答を一括配布

私立高校では、検定教科書を使わない学校がたくさんあります。検定外教科書や受験参考書だけで授業をやることがあり、それを売りにしている学校も多いです。超トップレベルの学校ならそれも良いかもしれません。しかし麴町学園は、検定教科書を中心に授業することを、先生たちのコンセンサスとしました。さらに思い切って、授業で使用する教科書のレベルを下げました。

三省堂が出している教科書を例にあげると、CEFRでB2からB1レベルに当たる「CROWN」、B1からA2レベルの「MY WAY」、A2からA1レベルの「VISTA」という三種類があります。各高校は、生徒の学力レベルに合わせた教科書を採用します。進学校だと「CROWN」が多くなっています。

ところが、生徒の平均レベルはA2からA1なのに「CROWN」を使うような、背伸びをしている高校もたくさんあります。国立大学や難関私立大学の合格実績を上げるため

に、成績上位層に合わせて教科書を採用しているのです。

アイテムのレベルが高いので、大半の生徒は読むだけで四苦八苦し、授業は読み方の説明に終始します。そうすると、コミュニケーション英語の時間が、単なる読解の授業と化してしまいます。学力が中から下の生徒たちは授業についていけず、塾や予備校に通って、基礎を勉強しなければいけなくなります。私自身、そういう子供たちをたくさん教えてきました。

そこで麴町学園では、三学年すべての教科書を、それまで使っていた難度の高いものから、中位レベルの「ＭＹ ＷＡＹ」へ切り替えました。コミュニケーション英語の時間に、本来の四技能指導を充実させるためです。優秀な生徒たちや父母からは、「簡単すぎるけど、大丈夫なんですか」「入試に役に立つんですか」という心配の声が寄せられました。生徒は常に大学入試が頭にありますから、Ｃ１レベルの入試問題を見れば、Ａ２レベルの教科書で大丈夫なのかと不安に思うのは自然です。

しかし授業で使用するアイテムは、生徒の平均的なレベルに合わせるべきだと思います。一冊の教科書で最大多数の最大幸福を実現するためには、仕方のないことです。麴町学園では、授業は一部の優秀な生徒のためではなく、みんなのためにあると考えます。教科書が簡単すぎる生徒は、多読の時間に少し難しいアイテムに挑戦したり、課外授業で英検準1級レベルの勉強をＡＬＴ（外国語指導助手）に手伝ってもらってやったりすればいいのです。

おそらく、コミュニケーション英語の授業にリーディングしか教えてこなかったから、より難しいアイテムが必要だと感じるのだと思います。本来、コミュニケーション英語は四技能を融合して学ぶ時間なので、読んで聞いて話して書かなければなりません。読解アイテムは、他の技能へと発展させるための素材なのに、読むだけで苦労していたら、四技能の指導まで届きません。だから、読解アイテムのレベルを下げ、量も抑制する必要があるわけです。

教科書のレベルを下げた結果、授業ははるかに進めやすくなりました。生徒たちの活動も促進され、四技能試験のスコアや取得率も上がっています。結局、いいことしか起こりませんでした。

「ＭＹ ＷＡＹ」を使った活動型授業をさらに支援するため、行なったことがあります。教科書の全文和訳と問題の解答と解説を、生徒に一括配布することです。

授業中にアイテムの和訳を書かせていると、それだけで時間が終わってしまいます。生徒の予習復習も和訳で終わってしまいます。麴町学園の先生たちはそのことに気づいて、毎回の授業の際にパソコンから和訳を出力し、印刷して生徒に配布していました。大変な労力だし、生徒たちもそのプリントをファイルするのは手間です。

そこで、全文和訳や解答解説の類いは一冊の冊子にして、学年の最初に全校生徒に配布することにしたのです。図書館や学級文庫にも置いておけば、先生たちの手間も生徒のファイリングの手間も省けます。もちろん生徒には、もっと学習の本質的なところで努力や苦労をしてもらいます。

4-6　教科書に準拠した単語集とＣＤを活用し、受験用副教材は廃止

辞書の活用は非常に重要ですが、ほとんどの高校生は英和辞典ばかり使います。和英辞典や、もっと活用すべき英英辞典を使う機会がない理由は、授業の前に意味調べをしなけ

ればならず、それに労力がとられてしまうからです。英和辞典を引いて単語の意味だけ調べて書き写し、リストを作るために辞書を引く。これは本来の辞書の活用法ではないと思います。

高校で使われる英語の教科書には、内容に準拠した単語集やリスニングCDが別売されています。麴町学園で使っている「MY WAY」も同じです。例えば単語集は、本文に出てくる順番に並んでいて、それぞれの単語に例文もついています。そこで、英和辞典で意味調べをする代わりに、その単語集を副教材として採用し、生徒全員に持たせました。授業でも活用して、ボキャブラリーのチェックをしています。

「MY WAY」に準じたリスニングCDも校費で購入し、全生徒に配布しています。一枚二千円弱とさほど高価なものではないのに、配布している学校は多くありません。もっと高い受験参考書を生徒に持たせる学校はたくさんありますが、肝心の教科書の音声が配布されていないわけです。

教員はみんな日本人ですから、音声モデルを務めることには限界があります。勇気を持って英語で話すものの、RとLの違いや舌の位置をやって見せても説得力がないのです。やはり発音に関しては、ネイティブスピーカーの生の英語をたくさん聞かせることが第一です。何よりも、教科書で学んだことをネイティブの音声で聞くことができる、最低限の環境を整えてあげる必要があると思います。

改革の一貫として、校内のＩＣＴ化が実行されました。すべての教室にプロジェクターとスクリーンを設置し、映像と音声を流しながら授業を進めます。すると生徒の顔は、モニターを見るために上を向きます。下を向いて口を小さく動かすのではなく、前を向いて読むことがたくさんできるので、授業も活発になりました。

各教室だけでなく、ＬＬ教室のパソコンや自習室に設置したプレイヤーでも教科書ＣＤを聞いて勉強できる環境を整えました。予算を捻出するために、受験用副教材の購入をやめました。またデジタル教科書をライセンス契約して、すべての先生が使えるようにしました。自分のパソコンやタブレットにインストールし、教室のモニターに投影しながら授業ができます。スライドに付属した音声も出せるし、単語のフラッシュカードもあり、授業の準備がとても楽になりました。

ただでさえものすごく忙しい先生たちに「活動型授業をやってください」とお願いし、授業の準備からテストまですべてお任せにするのではなく、労力を省けるところは省き、大事な指導に集中できるようにする環境整備は、学校としてとても大事なことだと思います。

4-7 全クラスで合唱する「朝の英語音声活動」

四技能の学習では、インプットとアウトプットが大切です。活動型授業の一環として行なっているインプットに、二〇一七年度から導入した多読があります。多読の実践をすでに行なって成果を収めている予備校や学校の先生にアドバイスをいただき、勉強しながら進めています。

各学年の学力レベルより低めの本が、たくさん置いてあります。生徒は自分の英語力や興味にあわせて本を選び、「調べない、覚えない、繰り返さない」をルールに、ただ楽しみながら読みます。「累計読破ワード数」を計算しながらゲーム感覚で読む時間を、週に一時間ぐらい設けています。

さらに「多読記録ノート」を作って、どんな本を選んで読んだか。その本のサマリーを簡単にまとめ、ここが面白かったとか面白くなかったとレビューを書きます。読書を楽しむことが前提なので、読み始めて面白くなかったら別の本に変えていいという決まりも、生徒たちにはおおむね好評です。

インプットについては、授業以外の場面でも実践しています。その代表例が、「朝の英語音声活動」です。朝八時半の始業時、中学一年から高校三年まで六学年の五百人近い生徒全員が、放送部の号令で起立します。それから十分間のホームルームは、教室のモニターに投影した英語の曲をクラス全員で大きな声で歌ったり、英文を音声訓練する時間です。

“Have fun!” “Keep smiling!” “Be Active!” “Be creative!” “Help each other!” という「Five Rules」の下に行ないます。全校生徒が英語のポピュラーソングを歌って、一日が始まるのです。歌を歌うと、リエゾンや有声音化といった英語独特の発音の変化が、理屈で言われるよりも体感できることは、英語の専門家なら誰でも認めるところだと思います。

画面に映し出された、歌詞や教科書の本文を、ネイティブの音声に続けてリピーティングしたりシャドーイングしたり、穴埋めリプロダクションも行ないます。

これが月曜から土曜まで六日間、毎朝続きます。リーディングとリスニングの受動的な二技能ですが、授業でのスピーキングの基礎訓練となる、インプットとしての発話トレーニングをやっているのです。

4-8 先生でなく生徒の口と頭が動く授業

麹町学園の英語の授業は極力、英語を使って進められます。先生が教室に入って来て、「Let's start the lesson. OK, everybody. Stand up.」と言うと、生徒たちが「Good morning, Mis.〜」と挨拶します。先生は「Good morning, girls. OK, sit down.」と挨拶を返して、授業が始まります。

最初に「本文の中に出てくる単語やフレーズを確認しましょう」と先生が言い、生徒たちは英英辞典の定義をクイズに答えるようにわいわいと口にし、教科書に出てくるボキャブラリーを確認します。その後に先生が本文を読み、生徒はリピーティングで読んで何%くらい意味が理解できるか、達成度チェックシートに記入します。さらにネイティブの音声を聴いて練習し、何%わかるか再びチェックします。先生がQ&Aの形で本文の内容を生徒に確認し、今度は生徒同士でお互いに読み聞かせをしたり、内容の理解を質問し合う、といった進め方です。アウトプットとしては、本文の内容を振り返るディスカッションをしたり、短いスピーチをしたりします。そして、宿題として授業で話した内容をエッセイとして書き提出します。先生は指示を出し、生徒がどんどん動くスタイルです。

このように、ペアワークやグループワークを中心に、口と耳を使いながら進めます。生徒が先生の役割を演じるスチューデントティーチャーも含め、生徒が活発に活動する内容になっています。

例えば高校一年生の初めの単元には、名前の話が出てきます。そこから派生して、「あなたは自分のファーストネームが好きですか、嫌いですか。その理由を論じなさい」とスピーチのお題を出します。生徒たちは立って隣りの席の生徒とペアになって向き合い、片方がスピーチをします。Assertion、Reason、Evidence の「ARE」の論理構成で、「私は自分のファーストネームが好きです。漢字が好きだからです。その漢字はこういう意味で〜」とスピーチをするわけです。

一人がしゃべってクラス全員が聞くのではなく、半数が同時にしゃべります。一クラス二十数人の少人数ですが、十人以上が一斉にしゃべるので、大きな声を出して話さないと相手に聞こえません。私は、百人以上が入る東進ハイスクールの教室でも、同じやり方をしています。もちろん、大勢で話した後には、そのスピーチを皆の前で発表したりする時間も作ります。

4-9 外国の大学生とスカイプで英会話

ＥＦＬの国である日本では、外国人をホームステイさせたりスカイプ英会話をやらせたりするような特別な家庭は別として、普段の生活で英語を使う必要性が生じません。したがって学校の中で、実際に英語を使ってみる場面をたくさん作らなくてはいけません。

麹町学園ではＬＬ教室を使い、スカイプ英会話を二週間に一度やっています。中一から高三までの全学年です。英語表現の授業は発話や表現活動をする時間なので、スカイプ英会話でレッスンしているのです。まず十五分間予習をしてから、大学生を中心とするフィリピンの英語の先生と二十五分間会話し、十分間振り返りをする授業です。

フィリピンは、英語のレベルが非常に高い国です。多少の訛りはあるものの、インドのような独特な英語ではありません。アメリカ英語に近いため、アメリカの航空会社など世界的な企業のテレフォンオペレーションセンターがフィリピン国内にたくさんあります。

何よりよいのは、英語を第二言語とするＥＳＬの国だという点。社会生活を営むために、勉強して英語を身につけた人ばかりです。誰もが小学校三年生くらいに、英語で苦労した経験をもっています。ＥＦＬの国である日本の中高生にとっては、恰好の先輩と話ができるわけです。先方も、勉強のやり方や教え方がよくわかっています。生徒たちもとても楽しんでいて、ＥＳＬの国であるフィリピンとのスカイプ英会話は成功を収めています。

4-10 定期テストには独自の四技能試験「ＫＥＰＴ」を導入

中間テストと期末テストは、「ＫＥＰＴ」という独自の四技能試験に統一しました。中学も高校もフォーマットは共通です。校内の先生たちが作成するものなので、妥当性やクオリティに関しては英検やＴＯＥＦＬには遠く及びませんが、内容的には似たようなものを作っています。ただし中学一年生だけは、アルファベットの読み書きから始まって文法に関してはＢｅ動詞をしっかり学んだり、と学習内容がやや特殊なので、別扱いにしています。

　先生たちの間で意見が分かれたのは、教科書の中だけから出題するか、それとも教科書外の問題を入れるか、という点です。結局、教科書だけの出題に意思統一しました。定期テストの本来の目的にこだわり、努力した量を測ってあげたいという結論になったのです。その努力がただの丸暗記にならないようにするために、四技能の試験で試すわけです。

　中間や期末のテストは直近に教わった狭い範囲しか出題されないので、簡単だと思われるかもしれません。通常、一学期の中間テストの出題範囲がレッスン一、二なら、期末テストはレッスン三、四が範囲です。しかし麹町学園の場合、一学期の期末テストはレッスン一、二、三、四全部が出題範囲です。二学期の期末になると、レッスン一から八までに広がります。三学期は、レッスン一から十まで教科書の全部。さらに二年生になると、一年生の教科書からも問題が出ます。

　出題範囲が、どんどん累積するのです。記憶を過去から掘り起こし、リサイクルしてインプットさせるための工夫です。過去に学んだ内容を忘れない仕組みを強制的に作るこのやり方は、成績アップに貢献しています。優秀な生徒には、特に喜ばれています。

ＫＥＰＴの具体的なテスト方法ですが、百点満点を四技能で二十五点ずつに割ります。リスニングにはディクテーション問題も入っていますが、ＴＯＥＩＣの形式と同じ応答問題や、英検と同じ英問英答を含みます。リーディングも、英検やＴＥＡＰに準拠した形です。

ライティングは、教科書の中に出てきた英文のリプロダクションを含みます。つまり例文暗唱です。マークシートのような部分的な穴埋めではなく、できるだけひとつのセンテンス単位で書く問題を出題しています。しかし例文を暗唱して出力するだけでは論理的な思考力を育てられませんから、必ずエッセイライティングを一問入れ、高い配点を与えています。

エッセイライティングは事前に、生徒全員にルーブリックを配布しています。当たり前のことですが、どういう点がどう評価されるかを生徒にあらかじめ知らせているのです。採点方法を開示しないまま、三カ所スペリングが間違ったから五点減点といったやり方はしません。ルーブリックは基本的に、高校生はＣＥＦＲのＢ２で満点。中学生はＢ１で満点になるように、五点満点の評価で作っています。生徒は英語表現の授業で、普段からそういったエッセイを書くことに慣れています。

スピーキングテストを全生徒に受けさせるのは、先生たちにとって非常に負担が大きいので、平常点評価を採用しています。どういうやり方かというと、ハンコを押す欄が二十五カ所ある「スピーキングパスポート」というシートを生徒全員に配布しています。先生たちは学校のハンコを常に持っていて、授業中に積極的な発言があればひとつ押します。課外でも、英検の面接体験を一回受けたら、ハンコを二つ押します。このように、日頃から積極的にスピーキングに取り組む姿勢に対して、ハンコを押すことで評価しているのです。当然ほとんどの生徒が、二十五点満点を取ります。積極的に参加すれば、スピーキングの上手下手にかかわらず満点がもらえるわけです。二十五個すべてたまった後は、麹町ドルという疑似紙幣をもらうことができ、世界のボランティア団体に寄付をするなどの使い方ができます。

4-11
偏差値という言葉を知らない生徒に入学して欲しい

使う教科書のレベルを下げることは、大きな冒険でした。というのは、私立の学校にとっては、受験生の募集が一大事だからです。授業で難しい教科書を使うことはひとつのセールスポイントであり、難しい教科書で難しい勉強をすれば難関大学に受かるのではないかという論理に飛びつく、生徒や保護者も多いのです。

麴町学園では、そういう論理を使わないことにしました。「難しい教科書を使っています」とか、「受験対策をしっかりやっていますよ」という宣伝に惹かれる生徒ではなく、「本質的な英語教育をやっている」ことに惹かれる生徒に来て欲しい。偏差値という言葉を知らない子供たちに、入学して欲しいと思っています。

偏差値という言葉は知らないけれどグローバルに活躍したいと思ったり、塾に通っていなかったけれど、英語が大好きだから本物の英語を習いたいと思う子供たちに来てもらえる学校を目指しています。

改革の一環として、中学入試で「Active English 入試」という枠を設け、英語のリスニングと面接のみの合否判定を行なっています。英検5級レベルという外部試験との準拠性も公表しています。英検の資格を「見なし得点」とする受験も可能です。

高校入試の出題もほぼ英検に準拠した問題を使っています。文法は出題しないので、現状ではかなり先鋭的な入試と言えます。また、民間検定試験の結果で「見なし得点」をつけている高校は、まだ少ないでしょう。将来的には個別の入試は止め、民間の四技能試験の結果を活用するシステムに変えていくことを目指しています。

麹町学園ではこのように本来やるべき英語教育を目指しています。しかし、「今日は○○大学の入試問題をやってみましょう。プリントを配るので、和訳を書いてください」とか、先生が黒板に英文を書いて「はい、ここがSで、ここがVで、ここは副詞節だから」とカッコでくくり、「ノートに綺麗に書き写してね」という受験問題に特化した知識伝達型の授業をやっている学校もまだ多いのが現状です。

まだまだうまくいってないことも多く、課題は山積していますが、こうした旧来の方式から脱却するための小さなモデルを作るために教員が一丸となって邁進したいと思っていきます。二〇二〇年度から新しい大学入試制度に変わっていくなら、こうでなければならないという英語教育を、先取りしてやっていきたいと思っています。

第5章

FORECAST

これからの英語教育
──学校は、塾・予備校は

5-1 〝平成ガラパゴス〟では生き残れない

最終章では、学校や予備校の対応について考えます。

現在の大学入試センター試験は、八〇%がリーディングで、文法、語彙、発音の問題。残り二〇%がリスニングです。これまで述べてきたように、この二技能への偏りが、教育現場に次のような弊害をもたらしてきました。

・文法の出題数が多いため、問題を解くことを目的とした文法教育が肥大化している。
・発音や会話の出題はあるが、それに対応するスピーキングの学習はあまり行なわれていない。
・リスニングの比率が低いため、音声教材などを使った学習が軽視されている。
・自由ライティングの出題があまりないため、自分で英文を書く学習が軽視されている。
・スピーキングの出題がないため、しゃべる学習は行なわれていない。

学習指導要領が「聞く」「話す」「読む」「書く」の四技能の学習をもとめ、アクティブ・ラーニングの大切さも何年も前から言われているのに、英語教育はまだまだ変われていいません。

二〇一七年三月末、文科省は新学習指導要領を公示しました。小学校では、大学入試の改革と同じ二〇二〇年度から、中学校では二〇二一年度から実施されます。

英語に関しては、小中とも大きな変更があります。まず小学校では、五、六年生で教科のひとつに加わること。同時に、現在は五、六年生の行なっている「外国語活動」の時間が、三、四年生に前倒しされることです。

中学校の指導目標には、「聞くこと、読むこと、話すこと［やり取り］、話すこと［発表］、書くことの五つの領域別に設定する」と明記されました。四技能の先を行き、スピーキングを「やり取り」と「発表」に分けて〝五技能〟として扱うことになったわけです。

高校の指導要領の改定案が発表されるのは二〇一八年三月末で、二〇二二年度から実施されますが、科目の構成が変わる予定です。現在は「コミュニケーション英語」「英語表現」の二科目ですが、中学校の五技能化に倣って「論理・表現」の科目が新設され、スピーチ、プレゼンテーション、ディベート、ディスカッションの学習に充てられます。

二〇二〇年度の大改革に向けて、学校現場では従来型の授業と四技能とのせめぎ合いが始まっています。先生たちは、四技能化に向けた取り組みを始めています。でなければ二〇二〇年以降は〝平成ガラパゴス〟と化して取り残されてしまうという危機感があるからです。

よくある意見に関して、少し違っているなあと感じることがあります。それは「なぜ日本人は英語がしゃべれないのか」というテーマになると、決まって「学校の英語教師の能力が低いからだ」と言い切る識者のコメントです。

大学入試や中高の授業の四技能化についても、同様です。

「高校の英語の授業を四技能化すると、現場が混乱してしまうのでは？　だっていまの先生たちには、四技能を教える能力がないでしょう」

このような声をよく耳にしますが、指導要領に準拠した授業ができないのは、一概に先生のせいではないと思います。大学受験のウォッシュバックを語らず、先生の能力が低いから英語教育がうまくいかないと断じるのは、少し単純すぎる見方だと思います。

もちろん学校の授業を四技能化するに当たって、課題も多いことは確かです。まず大学の英語科教員養成課程でも、四技能を教えられるようにカリキュラムを充実させ、学生を指導しなければなりません。現役の先生たちには、研修の機会を豊富に提供しなければならないでしょう。

しかし中学校や高校の先生たちは、例外なく大学の英語学科や英文科で英語科教授法の授業を受け、外国語関連の学士を取得して、教職課程も修了しています。個人差はあるにせよ、きちんとした研修や指導を受ければ、多くの先生は十分に対応できます。

きちんとした研修、教材、指導補助と、教授法をシェアしていく仕組みがあれば、英語の先生たちは立ち上がります。大きな改革に負けないくらいのレジリエンス（耐久力）を備え、若者たちをグローバル化に備えさせる責任と誇りを持って仕事をしているのです。世の中の皆さんには、その点をよく理解していただきたくお願いします。

5-2 英語の先生の底力

日本全国を回り、高校の先生たちに四技能試験の説明と授業方法の研修を行なう中で感じるのは、大学入試改革を歓迎する先生の多さです。私はこの数年間、四技能化の旗振り役を務めてきましたが、最も強く背中を押してくれたのは現場の先生たちでした。「安河内、もっとやれ。遅い、遅い」と、いつも応援してくださったのです。各種団体などが行なっているアンケートでも、「高校の先生の多くが四技能化に賛成」のような結果が出ています。改革が進まないことに対する危惧のほうが、むしろ大きいのです。

なぜかというと、大学入試が四技能になれば、高校の授業を指導要領に準拠して行なえるからです。現在のように、指導要領に準拠しない入試と指導要領に沿った授業という二つの価値観が混在する中でバランスを取る、曲芸のような教育をやらなくてすみます。授業でライティングやスピーキングを教えても、生徒や保護者から文句は出なくなります。

世間には、高校の先生は面倒臭がっているのではないか、新しいことをやりたくないのではないか、という誤解があります。しかし受験英語に毒されている現状に不満をもっている先生は、たくさんいます。そういう先生のほうが英語教師として優秀だし、そういう先生が活躍できる英語教育にならなければいけません。

大多数の先生たちには、「いまの大学入試は、本来の英語教育からしても指導要領の観点から見てもおかしい。四技能になることは一応歓迎だ」という気持ちと同時に、「しかし自分の授業のやり方を、どう変えていけばいいのか。アクティブ・ラーニングや言語活動と言われても、具体的にどうしていいかわからない」という戸惑いがあります。「しばらくは従来型入試と四技能試験が混在するが、指導のバランスをどう取っていけばいいのかわからない」という点も悩みです。

私は学校の先生が対象の講演会で、先生たちを生徒に見立てて模擬授業を行なっています。実際に授業をするのが、理解してもらうために最も手っ取り早いからです。何百人もの先生たちが、熱心に参加します。みなさん器用ですから、授業をやって見せれば「ああ、こうすればいいのか。こう動けばいいのか」とすぐにわかってもらえます。

ひとつ例を挙げれば、夏休み中の講演会では、「帯活動」の導入を提唱します。一学期まで講義型でやっていたのに、二学期になっていきなりアクティブ・ラーニングや言語活動に変えるのは、先生たちも照れ臭いでしょうし、生徒も戸惑うに違いありません。そこで、五十分の授業の最初か最後、または真ん中に十分間か五分間の帯を作り、とりあえずはその時間だけスピーキングを導入するという授業方法です。

大変喜ばれて、「二学期から絶対に始めます」という感想がたくさんありました。このように、先生たちは解決策さえ提示されればすぐに対応できます。かく言う私も、この五年くらいずっと活動型の授業をしていますが、やればやるほど自分の英語が上手くなることを感じます。アメリカへ行って会議やプレゼンを行なう時も、その度に上手くなっていきます。英語で活動型授業を始めると自分の英語もうまくなるので、一石二鳥です。

四技能を指導する、言語活動中心の授業を始めれば、先生の英語の能力も上がるのです。そして、それで上手くいった先生は、英語を教える人みんなに広めることが大切です。大学の先生、塾や予備校の先生、私立高校や公立高校の先生、みんなが仲間として共有することが必要です。日本全体で、英語の教え方を変えていくのです。大きな変化に立ち向かうには、「シェア」こそが最大のキーワードになると思います。

5-3 教科書検定は音声データを含むべき

私は、高校の英語の教科書、特に「英語表現」の教科書には課題が多いと感じています。表現の授業である以上、ディベートやディスカッション、言語活動が中心であるべきなのに、文法の解説と文法問題が大部分を占めているからです。結局、大学受験の文法の出題内容と親和性の高い教科書が、高校の先生たちによって選ばれている現実があります。指導要領が新しくなれば教科書の内容は変わりますが、文法演習中心の「英語表現」の教科書は、大きく改訂する必要があると思います。

指導要領は、四技能の融合を求めています。教科書検定においても、音声データやICT素材も包括的に含めて検討されなければならないはずです。しかし現在の教科書検定は、印刷された教科書だけを対象に行なわれています。文科省の検査官が内容を全部読み、指導要領に合致しているかどうかを確認するだけです。音声素材の内容どころか、音声素材がついていようがいまいが審査の対象になっていないのです。

私は「英語教育の在り方に関する有識者会議」のメンバーとして、「デジタル教科書・教材」の導入について何度も提言を行ないました。二〇一四年に発表された「今後の英語教育の改善・充実方策について　報告～グローバル化に対応した英語教育改革の五つの提言～」の〈改革4．教科書・教材の充実〉にある次の文言がその主張を反映しています。

〈ICTを効果的に活用することによって教育上の効果が期待される。そのため、今後、国において「デジタル教科書・教材」の導入に向けて検討を進める。また、デジタル教科書・教材が導入される際には、教科用図書検定の対象となる教科書には音声や映像データ

が含まれるという考え方を明確にする。〉

音声や映像データが含まれると明言した以上、ダウンロード音声データなどのデジタル教材を完備した教科書でなければ、検定に通らないようにすべきです。

そうすれば、デジタル教科書を使ったり、これまで通りの印刷された教科書に音声データを組み合わせて使ったりして、音声を使った学習が一般化するでしょう。学校ではＩＣＴデータを活用する環境を整えることが、ますます重要になってきます。すべての生徒が、教科書だけでなく〝教科音〟も使って学習できる体制を整えるべきです。

5-4 小学校での英語教育を成功させるには

今後の英語教育で大学入試に加えて、大きく変わるのは小学校での英語教育です。新学習指導要領が施行される二〇二〇年度から、五、六年生で英語が教科に加わります。二〇一一年度から五、六年生に導入されている「外国語活動」は、音声を中心に外国語に慣れ親しむことが目的で、文法を学んだり、単語の意味を覚えたりはしません。しかし新しい指導要領の下では、毎週二時間（年間七十時間）の授業が行なわれ、成績の評価もつきます。

外国語活動は二学年早くなり、三、四年生で毎週一時間（年間三十五時間）行なわれます。ＥＳＬやＥＦＬの諸外国を見ると、ほとんど小学校三年生あたりから英語を始めていて日本よりも高い英語力を示している、という統計的根拠に立脚した措置です。

小学校の英語教育を話し合った有識者会議で、実は私は多少懐疑的な立場でした。第一に、何を目指すのかというコンセンサスが、出席者の間でも国全体でも取れていないと感じたからです。

五、六年生が学ぶ内容は、「活字体の大文字・小文字」「文構造の一部」「聞く、話すに、読む、書くを段階的に導入」となっています。中学一年生で学ぶ内容を小学生に前倒しすることはない、というのが文科省の説明です。

しかし疑問文、否定文、過去形など中学一年で学んでいる内容を前倒しすることなく、五、六年生の二年間どうやって毎週二回の授業を引っ張るのか、私には疑問でした。一方で単語の習得は、小学校卒業時に六百～七百語を目指すとされています。二年間で覚えるとすれば、かなり多い印象です。

これまで、高校と大学の高大接続が大きな問題でした。今後の英語教育には、小学校卒業までに学ぶ内容と中学校で学ぶ内容をどのくらいオーバーラップさせるのか、という〝小中接続〟が新たな問題として浮上しています。今後、各地域で小学校の先生と中学校の先生が連携して、この点を調整していく必要があると思います。

中学校と高校の先生は、まだ四技能と活動型の英語授業に慣れていないとはいえ、教え方さえわかればなんとか対応できます。しかし小学校の場合、現在の先生たちが大学で学んだ教職課程に、英語は含まれていませんでした。教えたことも教え方を学んだこともない英語を、いきなり国の方針によって教えることになったわけです。

したがって小学校の先生たちに対しては、研修を手厚くしなければいけないし、補助教材や指導用の教材を充実させ、ＩＣＴ設備も用意する必要があります。私が小学校の先生たちに研修を行なう場でも、みなさん不安がっています。しかし、

「小学校の英語活動というのは、生徒たちが英語に触れて楽しさをわかってもらうことが目的です。ＩＣＴなどさまざまな教材を活用しながら、生徒と一緒に先生も活動すればいいのであって、先生がすべて教えるわけじゃないんですよ」

ということを明確に示すと、「ああ、それならできますね」と言って、自分たちでいろ

いろゲームを考えたりします。普段からそういった授業の工夫をしているので、小学校の先生は中学校や高校の先生よりその点は器用なのかもしれません。

小学校の英語の授業は、ほかの教科の時間数を侵食することになります。そのことに対して「子どものうちは、英語より日本語が優先だ」という議論があります。当然国語は大事です。母国語で出来ないことが、第二言語で出来るようにはなりません。

日本は、母国語に関してはレベルが高い国です。ＯＥＣＤが、義務教育終了段階の十五歳を対象に世界七十カ国以上で行なっている学習到達度調査（ＰＩＳＡ）を見ても、科学的リテラシー、読解力、数学的リテラシーの三分野すべてで常にトップレベルです。残念ながら英語だけ、どんな調査でもかなり低いのです。

だからといって私は、ほかの教科時間を削ってまで小学校で英語をやるべきだ、という主張には懐疑的です。国語に関しては、授業時間が減ることで学力の低下が起こらないかどうか、やはりウォッチする必要があるでしょう。

保護者の誤解と過大な期待も問題です。小さなお子さんの保護者とお話しすると、「語学は早く始めたほうがいいと聞くから、小学校三年から教われば英語がペラペラになるのではないか」と勘違いしている方がたくさんいます。でも、小学校で週何時間かやったくらいで、ペラペラといえるレベルまではいかないでしょう。この過度な期待が小学校の英語教育に対する低評価につながらないことを願います。

5-5 塾や予備校もついに変わらなければならない

大学入試改革に向けて、高校も中学校も、生徒も先生も少しずつ変わり始めました。それに加えて大きく変わらなければならないのが民間の事業者です。

日本では、民間の塾や予備校、英会話学校は一兆円近い規模の産業で、学習情報の発信基地となっています。河合塾、駿台、東進、ベネッセといった業者の模試が、偏差値で生徒の実力を測り、学校が行なう進路指導もこれらの資料に基づいているのです。

この民間事業者も今回の改革において、大きな変化を求められます。

私は学生時代に塾で教えるアルバイトを始め、大学を卒業してからずっと東進ハイスクールの教壇に立ってきました。民間教育業界には大きな恩義を感じています。もちろん今後の発展も願うわけですが、来る大学入試改革に対応できなければ、塾や予備校は大きく傾くのではないかと心配しています。

塾や予備校で教えている先生には、英語を専門に勉強してきた人もいれば、そうでない人もいます。就業するハードルは、あまり高くないのが実情です。おのずと、教えやすいことを教える仕組みに偏っていきます。

英語を専門に学んでいない人や大学生のアルバイトにもできる授業といえば、文法です。多くの塾や予備校で、授業も教材も文法が中心になっています。それは、入試問題対策にもマッチしていました。しかし、来る日も来る日も、日本語で文法や構文ばかりやっていては、英語ができるようになるはずはありません。

二〇二〇年度以降は、日本人が一方的に日本語で教える英語の授業や、それを映像で流して一方通行で受講させ、文法や構文の講義をやっているビジネスモデル自体が成り立たなくなっていきます。大学入試が四技能となり、高校入試もその影響を受けて徐々に四技能化されていけば、昭和から変わらないような教材と教え方の塾・予備校は、かなり厳しい局面を迎えるでしょう。しかし逆に、旧来の英語教育の仕組みを上手に改革できれば、塾や予備校にとって大チャンスの到来になるかもしれません。

塾・予備校業界のみなさんへの提言は、映像授業にしても、教室で行なう授業にしても、徐々に活動型英語教育への転換を図ることです。先生が教えるだけの授業から、先生が生徒を活動させる授業へと、これから数年で切り替えていくのです。

映像の授業でも、出てくる講師が適切なコーチングをし、ネイティブ音声を使ってプラクティスする形なら、映像とのインタラクション（相互作用）によって、擬似的な活動型英語授業ができます。映像授業と活動型授業はミスマッチのように思えるかもしれませんが、ネイティブの音声を組み込んだり文字をテロップで表示できるので、映像授業にもメリットがあります。

教室であろうが映像でやろうが、ＩＣＴを用いて、ネイティブ音声の組み込みや生徒の発話促進ができる学習環境を作ることです。今のインフラをいかしつつ、どのように活動型の英語の授業を実現するのか、塾や予備校は解決策を編み出さなければなりません。

バブル崩壊後の一九九六年に金融ビッグバンが到来したとき、金融業界に大再編が起こりました。しかしその変化を経て、投資信託が銀行のカウンターで買えたり、ネット証券でＥＴＦが取引できるなど、消費者にとっては便利にもなりました。同じようなことが、二〇二〇年度を引き金にして塾・予備校業界に起こるのかもしれません。

現在、塾や予備校で英語を教えている先生たちは、新しい入試の仕組みをよく研究し、その対応から逃げないことだと思います。実際に四技能試験を何回も受けてみて、活動型英語授業のやり方を研究することをお勧めします。

公教育に携わる先生たちはいずれにせよ変わらなければならないし、研修などのサポート体制もある程度整っています。しかし民間の先生たちがこれからも教え続けるには、自分で判断して自分で行動しなければなりません。

さらにアドバイスをしておくと、これからの英語の先生たちは、自分は英語の達人ではないことを公言することが、大事なポイントになると思います。これまでの塾や予備校の慣習としては、講師はノンネイティブであるにもかかわらず英語の達人のふりをして、日本語で難しい理屈を教えるのが一般的でした。これからはそれもできなくなるでしょう。私も生徒の前で、「僕もノンネイティブだから、英語は間違うから」と公言しています。

英語が上手いかどうかでなく、自分のコーチング手法に誇りをもち、指導力で勝負すればいいのです。自分よりも英語ができる生徒を育てることを願い、間違えようとも生徒の前で果敢に挑戦するモデルを示していくことが、これからの英語教師の役割ではないでしょうか。

5-6 民間事業者の進む道

四技能試験では、これまでの大学入試よりスピーキングの要素が強くなります。英会話教室や英会話学校の中には、これを好機と捉えて四技能コースを立ち上げる動きが盛んです。塾や予備校には受験英語を教えられる先生はいても、四技能を教えられる先生がまだ育っていません。その点、英会話学校は、スピーキングは得意ですから、新しい市場のキープレイヤーになるかもしれません。

日本の数学能力や科学能力が高い理由のひとつは、塾や予備校の存在だと思います。公教育で基礎固めをし、塾や予備校で、難関大が求めるような学校教育ではカバーしきれない高度な理論を学ぶ。二段ロケットのように塾や予備校や参考書でさらに上のレベルを学ぶことが、非常に高い能力をもつ理数系の大学生を生み出しているようです。

しかし英語については、学校や塾や予備校や英会話教室がバラバラで、うまい連携が取れていません。四技能化をきっかけに、官民がうまく連携する方法がないものかと思います。高校では四技能の基礎をしっかり学び、物足りない生徒は民間の教育機関でさらに力を伸ばす仕組みです。具体的にいうと、学校で英検の準2級までは取れるけれども、準1級の対策はできないから塾や予備校に通うとか、TOEFL iBTに関しては学校外で対策をする、といったイメージです。

民間には民間ならではの資本主義的なダイナミズムがありますから、競争の中からシステムを開発して四技能に対応していくことができるはずです。いまは目指すところが学校と塾・予備校でバラバラですが、これからは、四技能の習得という誰もが目指す大目標ができるので、連携が強まるのではと期待しています。

この先、五十万人を超える大学受験生がスピーキングやライティングの学習を始めます。そこで民間事業者の力の見せどころとなるのが、インターネットの活用です。スピーキングとライティングに関しては、オンラインの様々なシステムが発達していくでしょう。タイピングして書いたテストのデータをオンラインで送り、二十四時間以内に添削して戻してファイリングするようなシステムが開発できるはずです。世界中の英語の先生をネットワークで結び、日本人の書いた答案をやり取りするライティング添削システムを構築して、生徒達や学校に提供する。また、世界で開発が進んでいる、AIを使った自動採点も活用できます。これからの塾や予備校は、このようにオンラインをうまく活用した指導をすることになっていくでしょう。

　現在、各地の学校ではＡＬＴ（外国語指導助手）不足が問題となっています。一カ月に一度しか回って来ない学校もあると聞きます。しかし、インターネットを使ってこの問題を緩和することができます。前章で、麴町学園のオンライン英会話の取り組みを紹介しました。中一から高三まで約五百名の生徒全員が、二週間に一度ほどマンツーマンのレッスンを受けています。年間の費用は、一人につき一万円程度です。カリキュラムをうまく組むことで、二十数台のパソコンで五百人もの全校生徒が二週間に一度、英会話のレッスンを受けることができています。

　こうしたさまざまな仕組みを、民間の教育事業者が作り上げていくことが重要です。世界中の英語教師を結び付けるようなシステムは民間事業者が開発しなければ難しいでしょう。この改革において、民間事業者の活躍の場は、たくさんあると思います。

5-7 ESLの国の人とオンライン英会話を

これから爆発的に利用が進むと見込まれるのは、英語圏及び英語を第二言語とするESL（English as a second language）の国々の人材を活用したオンライン英会話です。もしも私が新テスト世代の子どもの親だったら、古い受験英語を勉強させるよりも、すぐにオンライン英会話のレッスンを始めるように子どもに勧めます。

もちろん上級者の場合にはネイティブスピーカーとの会話が良いでしょう。しかし初・中級者ではESLの国の先生の授業もお勧めです。

ESLの国々の先生たちは、子どもの頃に勉強して英語を身につけた先輩学習者です。どういう順番で学んでいけばできるようになるか、比較的よくわかっています。しかも英語のレベルがB2くらいなので、高校生にとってちょうどよいレベルなのです。

そうやって、ネイティブ、ノンネイティブ、アメリカ、オーストラリア、フィリピンなど自分のレベルや学びたい英語のレベルや種類を選択できるのも、オンライン英会話の利点です。

さて、英語を使う人たちのほとんどは、我々と同じノンネイティブスピーカーです。国連などの国際会議も英語で進められていますが、やはりノンネイティブが大半です。そんな場所で求められるのは、「確実に伝わる英語」です。細かい文法の間違いや発音の訛りなどは、大きな問題とはされません。

それが、世界で使われている英語の状況です。だから我々が目指すべきは国連で通じる英語です。もちろん、発音練習は重要ですから、標準米語による発音矯正はアプリやリピート音声を使ってやると良いでしょう。オンラインでの英会話は、発音練習の場ではなく実践訓練の場です。インターネットで世界中の英語教師と繋がり、いろいろな国の英語を聞くと世界を疑似体験することができます。

このように、オンライン英会話は子どもたちが他国と交流するきっかけにもなります。インドの先生と話せば、いつかインドへ行ってみたくなるでしょう。アメリカの先生と話せば、アメリカに行きたいと思います。いろいろな国の人たちと話すことで、英語ができれば世界中の人たちと繋がれる素晴らしさを再確認できます。早くからそのような経験をした子どもたちは、いろいろな国の人と英語で話すことへの抵抗を感じなくなっていくに違いありません。

さて、私自身も自分の英語力を維持するために毎日オンライン英会話をやっています。今やネイティブ、ノンネイティブ含めて、様々な国の人と話すことが日課です。そして、この仕組みはこれから、世界中で、英語の学びかたを大きく変える可能性があると思っています。

各社が用意している教材やシステムは数年前と比べると格段に進化しました。また、ネットワークも広がっています。

例えば、事業者にもよりますが、最近では、講師はネイティブ、ノンネイティブを問わず、世界に広がっています。外国人講師に加えて、日本人のバイリンガルが指導をしているところもあります。講師に聞くと、中国や韓国などアジアの国だけではなく、南米などの地域の生徒も増えているそうです。つまり、世界共用語の英語を世界中の人が教え合う仕組みができているわけです。

会話の内容は、その講師の国の文化や日本文化の話に及んだり、個人的な生活の話になったりします。老若男女、様々な国籍・人種の人たちが、日々語り合っているわけです。これぞ、英語のあるべき姿ではないでしょうか？

私が、毎日オンラインで会話をしながら学ぶことは、目の色が違っても、肌の色が違っても、国の体制や豊かさが違っても、みんな同じような喜びや悩みを抱えた人間だということです。そして自分の家族や周りの人たちが幸せになることを世界中の誰もが願っているということです。

多くの英語学習者に、英語を学ぶことを通じて同じような体験をしてほしいなあと思います。

5-8 これからの塾や予備校の姿

塾や予備校も今後、学校と同様に、教師ではなく生徒の口と頭が動く英語授業を目指していくことになるでしょう。これまでの塾や予備校も、日本語による講義を中心とした授業を提供していましたが、それだけでは四技能の英語に対応することは到底できません。文法など、講義が必要な部分もありますが、多くは、生徒を活動させる授業へと移行していかなければなりません。

民間事業者の強みは、ＩＣＴを取り入れたコンテンツの開発力や生徒に対する個別の対応力です。

例えば、学校の活動型授業で基礎を学んだ生徒が放課後にもっと英語を勉強して力を伸ばしたいので塾にやってくる。そこで、相も変わらず文法問題集を日本語の講義で教えている。それでは、塾教育が公教育の足を引っ張ってしまいます。

こんな塾があっても良いと思います。

看板や掲示も英語でおしゃれな入り口を入っていくと、ロビーには多読用の本がレベル別に並んでいて、貸し出しを行なっている。待ち時間には多読をして過ごす。そこでは英語の放送が常に流れている。担当者もできるだけ英語で話しかけ、英語を道具として使う楽しい雰囲気がある。塾の中では声が出せるＬＬ教室のような部屋があり、そのブースでは世界と結んだオンライン英会話で勉強できる。また、ネイティブ音声を使った様々なトレーニングができ、その成果を音声認識の技術を使って評価することもでき、達成度が記録される。オンラインで様々な動画が視聴でき、ディクテーションして学べる。語彙に関しても音声と共に映像やパソコンで学べる仕組みがある。集団教室では、先生と生徒が一緒に英語を学ぶ。スピーチやディベートの練習をしたり、英語の歌を歌ったりする。スピーチコンテストやディベート大会、英語での講演会などのイベントも充実している。定期的にレベルに合った四技能試験で達成度を確認する。そして、そんな塾で勉強している生徒が学校でも活動型の授業を牽引するリーダーとなる。

これは一例ですが、このような形の塾や予備校がこれからたくさん生まれ、その地域の英語教育に良い影響を与えていくことを願います。

あとがき
PROGRESS
英語教育の目指す明日

私は、子供の頃に見た映画の影響で英語が好きになり、様々な人との出会いを通じて英語を教える道を選択するに至りました。私自身は、英語を使って世界のいろいろな国の人と話をするのが大好きで、そんな英語を教えたいという気持ちも強かったのです。

しかし気がつくと、生徒が全く英語を発話しない日本語の講義型の授業をしている自分がいました。周りも皆そうだからと、そんな講義を続けて二十年以上が経っていました。正直言って、どこかおかしいなあと思いつつも、どう変えて良いのかもわからないし、生徒からの支持もある。変えなくても仕事は順調です。

世紀の移り変わりの頃の日本は、社会人も二技能試験真っ盛りの時代で、誰もが二技能試験に向けて英語を勉強することに疑問を持ちませんでした。一方で、二〇〇〇年代の半ば頃から、二技能試験で点数がとれても英語は話せるようにならないという声をよく聞くようになりました。私が教えた生徒達からも、似たような声がたくさん届くようになり、私もこのことを強く実感し始めました。

そんなとき、TOEFL iBTやTOEIC Speaking Testのような、アメリカ発のスピーキングテストが誕生します。テストを実際に受けてみて驚いたのは、テスト対策自体が英語を話すことなのです。

当たり前といえば当たり前ですが、当時の二技能試験や大学入試に向けての英語学習の姿を考えると本質的に異なっていました。

それ以来、予備校の仕事をしながら、勝手にこれらのスピーキングテストのプロモーションを始めました。

当初は、企業へのスピーキングテストの導入を促進することをメインに活動していたのですが、大学入試も四技能にという話が生まれます。

それまでの私は、大学入試の姿には大きな疑問を持っていましたが、この大きな仕組みが動くはずはないし、何をやってもムダな抵抗だと半ばあきらめていました。

しかし、国が本気で大学入試の四技能化を行なうことが明らかになったとき、もうこれを後押しするしかないと決心します。その後、「4 Skills for JAPAN」というスローガンのもと、様々な活動を始め、文部科学省の委員も務めました。

その中で、同じような思いをもって活動している多くの英語教育者の皆さんと出会いました。大学の先生達、小・中・高の先生達。このような方々から学んだもの、そして得た人間関係のネットワークは、私の人生においてかけがえのない財産となりました。

これから四技能のテストが一般化したとしても、テスト自体ももっと進歩し、英語教育自体も更に進化を続けると思います。今、私が四技能を伸ばすと称してやっているような授業も、いずれ時代遅れになるでしょう。

この活動を通じて痛感するのは、このような大きな時代の転換点を乗り切っていくことは、一人の力だけでは決して可能ではないということです。

働いている場所や立場は違っても、意見の違いがあっても、皆、英語教育を良くしたい、英語が使える日本人を育てたいという気持ちは同じだと思います。良い英語教育をつくるため、今後も建設的な議論が活発になることを願っています。

英語教育はそこで働いている大人のためにあるのではなく、未来を生きる子どもたちのためにあります。この大きな変革を、SHARE と PAY IT FORWARD の精神で乗り切っていきましょう。

May the 4 Skills be with JAPAN！

安河内哲也（やすこうち・てつや）

1967年北九州市生まれ。上智大学外国語学部英語学科卒。東進ハイスクール講師。文部科学省「英語教育の在り方に関する有識者会議」の委員を務めた。TOEICスコアは4分野すべて満点。各種教育機関での講演活動を通じて実用英語教育の普及活動を行う。著書に『勉強の手帳』『できる人の教え方』など。英語参考書も多数にのぼり、著書の累計発行部数は400万部を超えている。

全《ぜん》解《かい》説《せつ》 英《えい》語《ご》革《かく》命《めい》2020

2018年4月10日　第1刷発行

著　者　安《や》河《すこう》内《ち》哲《てつ》也《や》
発行者　鈴木洋嗣
発行所　株式会社　文藝春秋
〒102-8008 東京都千代田区紀尾井町3-23
☎03(3265)1211
印刷所　大日本印刷
製本所　加藤製本

定価はカバーに表示してあります。万一、落丁乱丁の場合は送料当社負担でお取り替え致します。小社製作部宛お送り下さい。

ISBN978-4-16-390807-6